# 平凡是真　平淡是福

潘瑞和　編著

人生視野 63

# 平凡是真，平淡是福


編著　潘瑞和
出版者　大拓文化事業有限公司
執行編輯　賴美娟
封面設計　林鈺恆
內文排版　姚恩涵



總經銷　永續圖書有限公司
劃撥帳號　18669219
地址　22103　新北市汐止區大同路三段一九十四號九樓之一
TEL　(〇二)八六四七—三六六三
FAX　(〇二)八六四七—三六六〇
E-mail　yungjiuh@ms45.hinet.net
網址　www.foreverbooks.com.tw



CVS代理　美璟文化有限公司
TEL　(〇二)二七二三—九九六八
FAX　(〇二)二七二三—九六六八

法律顧問　方圓法律事務所　涂成樞律師

出版日◇二〇一九年四月







國家圖書館出版品預行編目資料

平凡是真,平淡是福 / 潘瑞和編著. -- 初版.
-- 新北市 : 大拓文化, 民108.04
面；　公分. -- (人生視野；63)
ISBN 978-986-411-092-6(平裝)
1.人生哲學 2.通俗作品

191.9　　108002113

## —前 言—

當我們把愛放在首位時，我們就可以原諒別人，也能撫慰自己。懂得愛人，會使我們隨和，再大的不快、再激烈的衝突都不會在寬容的心靈裡過夜。每個清晨，我們都會在心靈的滿足和希望中醒來。一旦擁有了為他人著想的美德，我們就將收穫一生的欣慰。

時光飛逝，往事煙雲如歌，記憶的浪花中浮現往日點滴的美好，而未來的時光又如一條無聲的河流，在浩浩蕩蕩地、義無反顧地向身後延伸。人生智慧蘊含在簡單的生活中，點點滴滴，閃耀著人類智慧的光芒。

生命不斷成長，我們都在慢慢長大，人生中的每個階段都有新的認識、見解、經驗，智慧不斷增長，價值觀不斷改變，需要我們理解其中深邃的意義。不要再抱怨生活的枯燥，選擇在自己手中。

本書將激發你對人生的思考，你會發現不一樣的人生。振奮精神，重新定位你的人生，開啟不一樣的人生之旅。

幸福。

也是幸福。

更是幸福。

# Chapter 1 對你而言，幸福是什麼


01 知足是快樂的真正沉澱……10
02 不要變成時間的窮人……16
03 分享才是幸福的真諦……22
04 改變的勇氣……28
05 幸福就是活在當下……35
06 不完美也是一種幸福……42
07 寬恕自己的過去……51
09 平凡是真，平淡是福……59

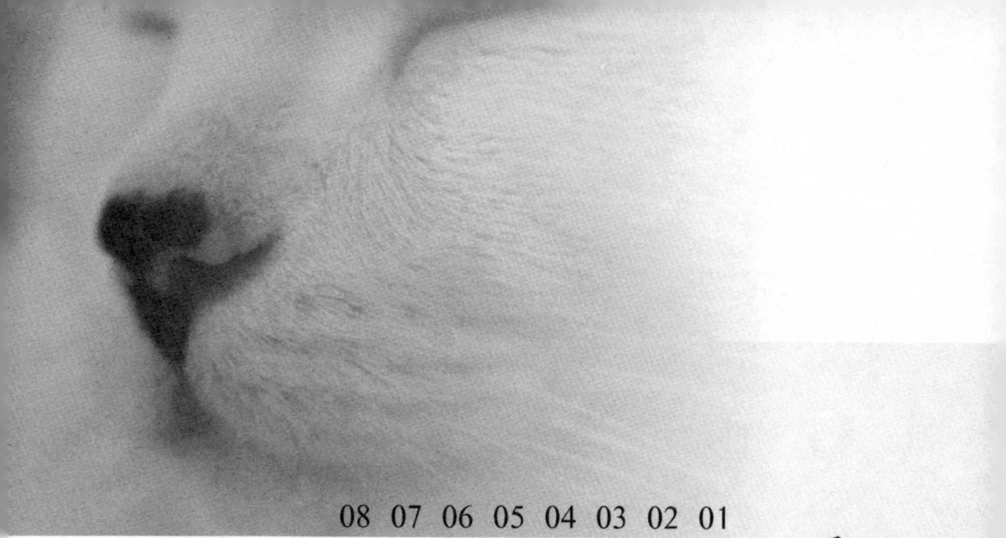

# Chapter 2 看淡得失，學會珍惜


01 當下的吃虧，未必是壞事……68
02 走好人生路，關鍵在選擇……75
03 放棄也是種智慧……83
04 不要沉浸在昨日的悲傷……91
05 人生貴在珍惜……96
06 智者懂得退讓……103
07 成功者最懂得「捨得」……109
08 不妨活得輕鬆一些……115

幸福。

也是幸福。

更是幸福。

# Chapter 3 智慧生活，快樂生活

01 夢想是懸在夜空的一盞明燈……122
02 希望是人生的最大資產……127
03 抱怨改變不了任何事……137
04 不做慾望的奴隸……143
05 退一步天高雲闊，讓三分心平氣和……149
06 忍耐是一種成熟的涵養……158
07 學著體察感知自己的情緒……163
08 愛人者，人恆愛之……171

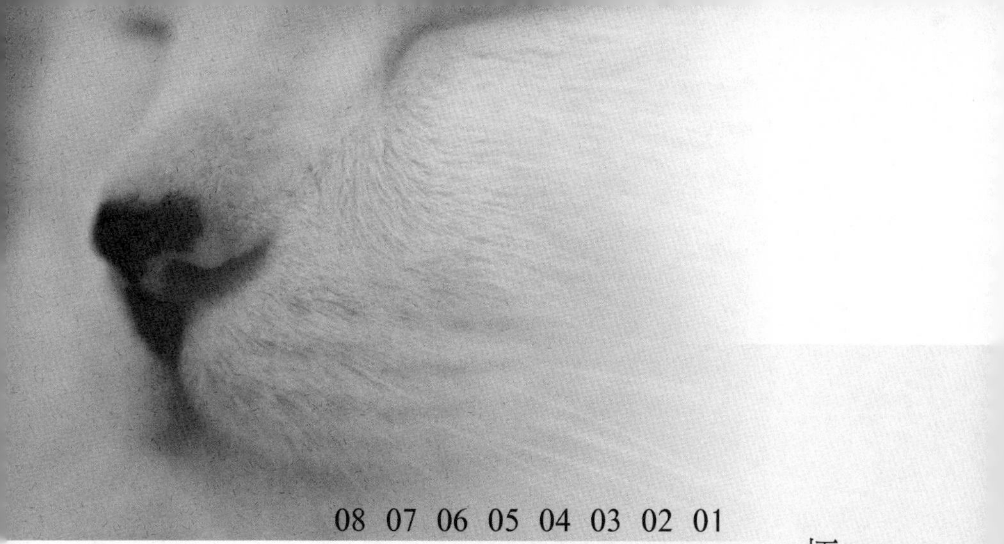

## Chapter 4 悟世深些，處世淺些


01 傾聽比訴說更重要……178
02 永遠不說批評別人的話……183
03 低調是強者最好的外衣……189
04 看透的時候，假裝沒看透……194
05 學會拒絕，讓生活變得簡單……199
06 玩笑開過頭是「玩火自焚」……205
07 尊重，也絕口不提他人隱私……210
08 少一分虛榮就能多一分寬心……216

平凡是真
平淡是福

# Chapter 1

# 對你而言，幸福是什麼

幸福是什麼？這是每個人都在問的難題。其實，幸福很簡單，但卻沒人能夠答得出來。幸福沒有一個統一的標準，它來自於你的心。為了尋找幸福，有些人翻山越嶺；為了尋找幸福，有些人窮盡一生。但是，幸福到底在哪裡？摒棄浮躁的心，靜靜聆聽，幸福原來就在身旁。

# 01 知足是快樂的真正沉澱

知足常樂本是人間常態，富貴榮華有如過眼煙雲，真正達觀的態度應以安貧樂道，居安思危。

——佚名

知足常樂語出《老子．儉欲第四十六》：「罪莫大於可欲，禍莫大於不知足；咎莫大於欲得。故知足之足，常足。」意思是說：罪惡沒有大過放縱慾望的了，禍患沒有大過不知滿足的了；過失沒有大過貪得無厭的了。所以知道滿足的人，永遠是覺得快樂的。

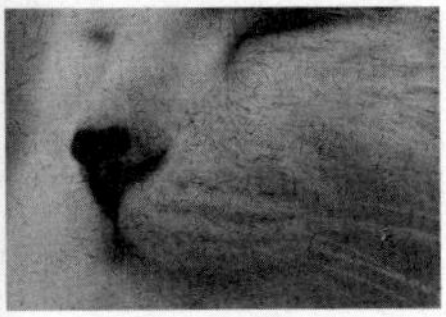

# Chapter 1
# 對你而言，幸福是什麼

知足是一種心態，也是獲得快樂的源泉。當我們的心在地平面靜止的時候，也就是快樂真正的沉澱。不會流走的一切，隨著時光，在這一刻停留，永恆。不知足的人會被慾望所牽，致使生活變得很累。

一隻美麗的天鵝在落地時看見一隻健壯的鴨子，牠驚訝於鴨子不同於牠同類的模樣，不同於牠同類的氣質，牠是那麼的有型，那麼的另類，所以立刻被這隻帥氣的鴨子所打動。

於是，天鵝立刻向鴨子表明愛意，而受寵若驚的鴨子則立刻接受了這份愛。從此，天鵝與鴨子一起在泥塘邊開始了新的生活。

天鵝那原本雪白而又高貴的羽毛一天天地被弄髒了，那以前不會長期行走的美麗小腳也變得紅腫了起來，牠漸漸失去了雲彩的撫摸，藍天的洗滌。

一天，天鵝終於忍不住了，牠說：「鴨子，你要學習飛翔啊，那樣我們就可以一起在高空中比翼雙飛了。」

於是鴨子為了天鵝而努力學習飛翔。可惜牠只是一隻鴨子，想要飛翔，想要飛到和天鵝飛的一樣高度實在是太難了，牠實在是沒有這份毅力，所以放棄了。

鴨子說：「天鵝，你抓著我，帶我去飛吧。」

天鵝抓住鴨子，拍動翅膀，非常非常吃力地飛上了藍天。不過，在天上飛了一會兒就落地了。

鴨子笑了，牠覺得天上的風景太美了，牠心想，愛上了天鵝真好。

在那以後的日子裡，鴨子每天都要求天鵝帶牠飛上天，而且要求飛翔的時間也越來越長，如果天鵝不能達到要求，牠就會生氣。疲憊的天鵝因為愛著鴨子，雖然身心俱疲，卻依然會答應鴨子的要求。

這天，鴨子又要天鵝帶牠去飛。天鵝勉強抓住鴨子，飛得很高很高，然後天鵝低下頭深深地吻了鴨子。就在鴨子感覺詫異的時候，天鵝鬆開了抓住鴨子的腳……。

這個故事告訴我們：做人要懂得知足。

一個人越追求得高，就越難以滿足，也就越難找到快樂。當一個人被慾望之念頭所侵蝕甚至腐朽的時候，就再也沒有多餘的心思放於其他，生活中許多東西都會在不知不覺中被我們所忽略，一切都會慢慢地

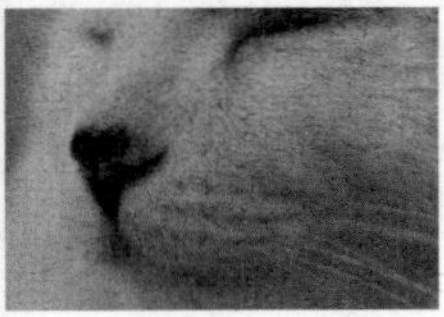

## Chapter 1
# 對你而言，幸福是什麼

變質。這個時候在你眼裡已經看不到任何美好的存在，而只是你那永遠也填之不盡的慾望的深淵。而無論你超越了多少次自己，實現了多少你立下的夢想，得到了多少你曾經想要的東西，你還是不會感到知足。

知足常樂，是人的一種心態，更是一種境界。可是現在有些人身在福中不知福，常在抱怨自己不夠快樂，不夠幸福，不夠富有，但其實你跌到谷底的時候不滿足，飛到雲端還是會不滿足……慾壑難填，這樣的人能知足、快樂嗎？

快樂就是看淡塵世的名利、地位、金錢、色慾和煩惱，凡事看淡、捨得，能放下，知足的人一生都是快樂的。

人們常說知足常樂，但是，真的能知足嗎？其實，能知足者謂之明智者也，就現代而言，能知足者。實在少之又少，然而，見利忘義者隨處可見，這乃是社會的悲哀！

有人認為：現代社會不應當提倡知足常樂。這是因為，他們認為知足就是對現狀滿足，而滿足又往往導致思想不進取，提倡知足常樂會給現代社會帶來種種弊端，不利於現代社會的健康發展。乍一看是沒錯，但其實不然，他們錯誤地理解了「知足」的真正含義。所謂「知足」者，是知道「足」與「不足」矣。他們簡單地把「知足」理解成「滿足」，然後順理成章地得出了一個錯誤的結論。知足能使人不為物質所役，從而常樂。

愛因斯坦對錢財很知足，也不太在意。他曾用一張大面值的支票作書籤，結果不小心弄丟了那本書。對此，他一笑了之。如果換成其他人，絕對是捶胸頓足後悔得要死不活了。

一把躺椅，一杯清茶，一本好書，某人就常樂；住上別墅，開上跑車，摟著美人，某人卻不樂。知足確有滿足的意思。在物質享受上，我們要懂得知足。一味地攀比，這山望著那山高，人心始終比天高。這種不知足只能讓自己不快樂。

不知足的可怕之處，不僅在於摧毀有形的東西，還能擾亂你的內心世界。你的自尊、你的原則都可能在不知足面前垮掉！常言道：慾壑難填。要知道人的慾望一旦爆發，那真是不可收拾！

和珅，中國歷史上有名的大貪官，據說他的家產富可敵國，你說，

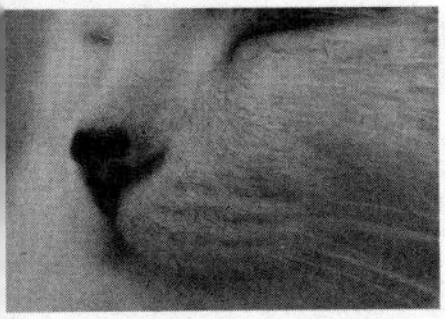


他要那麼多錢幹什麼？他想當皇帝？有賊心也沒賊膽。他個人、老婆、孩子能用多少錢？但他就是不知足，就是要不斷地貪！以至後來被嘉慶皇帝賜三尺白練自裁，夢斷紫禁城！

所以，知足常樂是一種心態，懂得知足的人則會跟幸福走得很近，而不懂知足的人則會被外欲所羈絆，活得很累。知足常樂笑一生，幸福安康常相伴。懂得知足的人，一定能感受生活的幸福，快快樂樂地享受生命中的每一天。

# 02 不要變成時間的窮人

成功的法則應該是放鬆而不是緊張。放棄你的責任感，放鬆你的緊張感，把你的命運交付於更高的力量，真正對命運的結果處之泰然……

——馬克斯威爾．馬爾茲

工作越來越忙，壓力越來越大，屬於自己的時間就越來越少。整日忙得焦頭爛額的人們，生活的幸福感也降到了冰點。歎時間之匆匆，恨它如白駒過隙，催老了青春，催白了黑髮！

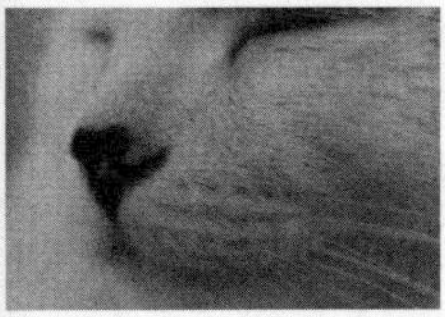

# Chapter 1
# 對你而言，幸福是什麼

不要等到年老時才發出感歎：當我年輕時，手中有大把的時間而內心度日如年，常怨時間如蝸牛一樣凝滯遲緩，挪步不前。那些大把的時間啊，有多少被莫名的哀愁和憂傷佔去的，又有多少時間少年不識愁滋味，為賦新詞強說愁啊！

忙碌啊，忙碌，我們把多少時間給了工作，又把多少時間留給了生活呢？時間慢慢流淌，什麼時候發現自己變成了時間的窮人？每日裡行色匆匆，來去似電。忙碌的工作，繁多的事務，不由得腳下生風，步履匆匆，披星戴月，案牘勞形，就連打個電話也是乾淨俐落，三言兩語能省則省能快則快。匆匆的上下班，未等吞下口午飯，又要投入到緊張的工作中……

你是不是也出現過這樣的感受，面對堆積如山的資料，卻不知道該如何下手。心裡總是感覺有做不完的事情，卻沒有一個做事的思路。這時的你該怎麼辦呢？就請嘗試一下把課桌收拾整齊，把所有的文件放起來，把重要的事情和緊急的事情放到桌面上，瑣碎的小事先暫且擱置到抽屜裡，再試試現在的感覺，一定感到輕鬆了很多。捨掉一些無謂的忙碌，我們就會感到輕鬆，那就讓我們積極行動起來吧。

芝加哥某大公司的總經理罹患了嚴重的神經衰弱症，於是便向沙特拉博士求醫。他們正在說話的時候，電話鈴響了，醫院有事找博士。他馬上處理，剛放下話筒，另一部電話又響了，博士只好離席去接電話，又是很緊急的事，不久，又有位同事找博士徵詢對某一重病號的處置意見。博士只好把客人晾在一邊長達十分鐘之久。當博士向總經理先生致歉時，讓人驚訝的事情出現了。

總經理回答說：「沒關係，醫生，從你的身上我已經找到了自己的病根。回公司後，我將立刻改變自己的工作習慣。對了，臨走前，可否讓我看一下你的辦公桌抽屜？」

博士打開抽屜，裡面只有一些紙筆之類的事務性用品，而且少得可憐。患者疑惑地問道：「你未處理完的文件呢？未回的信函呢？」

博士說：「全都辦完了。」

六個星期後，那位總經理盛情地邀請博士到他公司參觀，他完全變樣了，全身上上下下沒有一點不適之處。

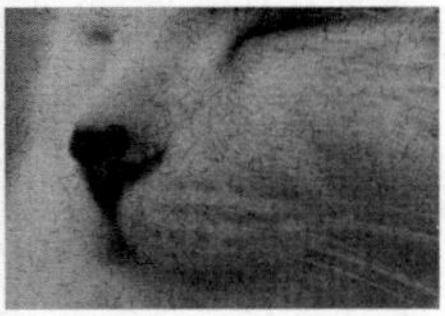

## Chapter 1
# 對你而言，幸福是什麼

他特地打開抽屜，對博士說：「以前，我有兩間辦公室和三張辦公桌，抽屜裡堆滿了未處理的文件，但既無暇也無心去處理它們。自從和你作一席談之後，我即將那些舊文件或報告書，全部作了清理。現在，我只用一個辦公桌，工作一來立即處理，絕不拖延積壓。所以，現在我已全無因延滯工作而帶來的緊張感和煩惱。」

生活就是這樣，有時我們會被迫放棄。放棄生活中一些忙碌，會讓我們把更多的精力集中在我們應做的事業上。今天的放棄，是為了明天的得到。做大事業者不會計較一時的得失，他們都懂得放棄，知道該放棄什麼。

放棄一些不必要的忙碌，放棄一些無謂的煩惱，會讓我們輕裝前進。放棄，會使我們的整個身心沉浸在輕鬆悠閒的寧靜中。會讓我們專心致志地朝我們的目標前進。

放棄還會改善你的形象，使你顯得豁達豪爽。放棄會使你贏得眾人的信賴，從而掌握主動，放棄會讓你變得更精明，更能幹，更有力量。

豪威爾先生曾經是美國鋼鐵公司的董事。起初，開董事會總要花很長的時間——在會議裡討論很多很多的問題，達成的決議卻很少，結果，董事會的每一位董事都得帶著一大疊的報表回家去看。後來，豪威爾先生說服了董事會，每次開會只討論一個問題，然後作出結論，不耽擱、不拖延。

這樣所得到的決議也許需要更多的資料加以研究，也許有所作為，也許沒有，可是無論如何，在討論下一個問題之前，這個問題一定能夠達成某種決議。結果非常驚人，也非常有效。所有的陳年舊帳都清理了，日曆上乾乾淨淨的，董事也不必再帶著一大堆報表回家，大家也不會再為沒有解決的問題而憂慮。

西北鐵路公司總裁羅蘭·威廉斯說過：「那些桌上老是堆滿東西的人會發現：如果把你的桌上清理乾淨，只保留與手頭工作有關的東西，這樣會使你的工作進行得更加順利，而且不會出錯。我把這一點稱為好管家，這也是邁向高效率的第一步。」

很多時候，恐怕我們並沒有弄清楚「忙」的真正意義。「忙」應該是在特定的時間段中朝著特定的目標進行不斷努力的生活狀態，忙碌可

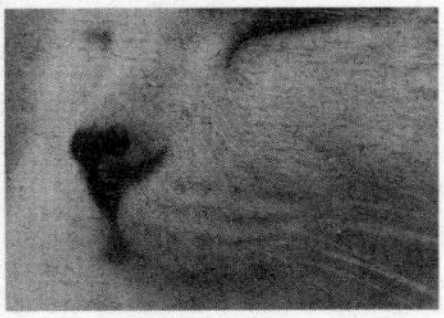

## Chapter 1
# 對你而言，幸福是什麼

以使我們的生活充實，但是如果只是為了向別人表明「自己很重要」而去忙，那就失去了真正的含義。人很容易掉到自己給自己設置的陷阱裡面去，而通常這個陷阱都是由虛榮所造成的。

忙碌啊，忙碌，何時才是盡頭。我們只有像仙人掌一樣，將枝葉化為刺，來抵禦忙碌帶給心靈的侵害，將多愁善感化為心底的隱祕，白天它絕不示人，只有寂寞的夜晚它才出來四處流竄。或許不久的將來，更加忙碌的生活連心底的隱祕也失之不保了。

無所思，無所感，無所痛，無所求的人生或許是理想的人生，水火不侵，刀槍不入的心靈也許是人的最高追求。每天在忙碌中幾乎迷失了自我的朋友們，請你們放慢生活的腳步，感受生活的幸福。留一點時間給自己，不要在萬般忙碌中迷失了自己，在塵世煩瑣中乾涸了心靈。回歸心靈的寧靜，尋找幸福的源泉。

# 03 分享才是幸福的真諦

如果你把快樂告訴一個朋友，你將得到兩個快樂，而如果你把憂愁向一個朋友傾訴，你將被分掉一半憂愁。

——培根

與人分享快樂，你將會更快樂。有這樣一句話：把你的快樂與朋友分享，你就擁有了兩個快樂，把你的痛苦與朋友分享，你的痛苦就只剩下一半。當你有喜事的時候，你願意和別人分享嗎？當你遇到煩惱的時候，你願意和別人分享嗎？

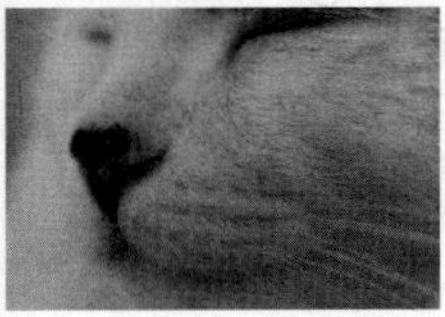

# Chapter 1
# 對你而言，幸福是什麼

有這樣一個故事：

一個挑水夫有兩個水桶，其中一個水桶有裂縫，另一個水桶則是完好無缺，每次挑水時，它們分別吊在扁擔的兩頭。完好無缺的水桶，總是能將滿滿一桶水從溪邊送到主人家中，但是有裂縫的桶子到達主人家時，卻只剩下半桶水。

一年多來，挑水夫就這樣每天挑一桶半的水到主人家。

日子久了，破桶對自己的缺陷感到非常羞愧。它為自己只能盡到一半的責任感到難過。

有一天，破桶終於忍不住對挑水夫說：「我很慚愧，必須向你道歉。」

「為什麼呢？」挑水夫問道：「為什麼你會覺得慚愧？」

「過去一年多來，因為水從我這邊一路地漏，我只能送半桶水到主人家。我的缺陷，使您即使做了全部的工作，卻只收到一半的成果。」破桶子難過的說。

挑水夫並未替破桶子感到難過，他微笑著說：「在我們回家的路上，請你留意路旁盛開的花朵。」

破水桶聽了挑夫的話，半信半疑，他們繼續向前走。

當他們走到山坡上時，破水桶突然眼前一亮。它看到道路兩旁開滿了繽紛的花朵，沐浴在溫暖的陽光下，這使它開心了一些。但是，走到小路的盡頭，它又難受了，因為一半的水又在路上漏掉了！

破桶子再次向挑水夫道歉，挑水夫溫和地說：「你有沒有注意到小路兩旁，只有你的那一邊有花，好桶子的那一邊卻沒有開花呢？雖然你有缺陷，但是我在你那邊的路旁撒了花種，每回我從溪邊來，你就替我澆了花。一年來，這些美麗的花朵裝飾了這條小路，使每個在這裡走過的行人都很愉快。如果沒有你漏下的水，又怎麼會有這些盛開的鮮花呢？」

破水桶聽了主人的一番話後，覺得非常有道理，它再也不為自己的缺陷而難過了，相反，它體會到分享的樂趣，這是好桶所做不到的。

歌德說過：能分享他人的痛苦的是人；能分享他人的快樂的是神。懂得分享的人，生命豐沛而且充滿活力，生活就會豐富而多彩。

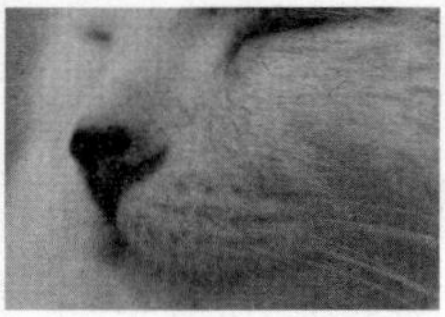

Chapter 1

# 對你而言，幸福是什麼

其實，分享是很簡單的。例如，你手裡有一顆糖，如果你會想到給自己的好朋友吃，這就是分享。而當你把糖果遞到好朋友的手中，朋友淺淺的一個微笑，足以讓你高興一陣子。分享就是如此簡單，幸福也正源於此。

分享的樂趣就在於我們的行動能使別人也感到快樂，這才是人生最大的快樂。當你把自己的快樂與好友分享時，可以讓他們和你一同微笑，一同快樂。

分享是多麼快樂的事情。相反的，如果你不願意跟別人分享你的快樂，你就會變成一個孤立的人，你也就失去了生活的快樂。

有個猶太教的長老，非常喜歡打高爾夫球。但是猶太教有個規定：就是猶太教徒在安息日都必須休息。但是，在一個安息日，這個猶太長老覺得手癢，就想去揮桿。

他經過了一番心理掙扎，最後還是決定偷偷去高爾夫球場，想著自己只要打九個洞就好了。

球場上一個人也沒有，所以長老覺得不會有人知道他違反規定。然而，當長老在打第二洞時，卻被天使發現了。

天使生氣地到上帝面前告狀，說這個長老不守教義，居然在安息日出門打高爾夫球。上帝聽了，就跟天使說他會好好懲罰這個長老。

上帝為了懲罰這個長老，從第三個洞開始，祂讓長老打出超完美的成績，幾乎都是一桿進洞，長老興奮莫名。

長老打到第七個洞時，天使又跑去找上帝說：「您不是要懲罰他嗎？那為何還不見有懲罰？」

上帝說：「我已經在懲罰他了。」

直到打完第九個洞，長老都是一桿進洞。因為打得實在是太過癮了，於是長老決定再打九個洞。

看到這個情景，天使實在不明白上帝的用意。於是就去找上帝說：「您說，到底懲罰在那裡？」上帝只是笑而不答。

打完十八洞，長老的成績比任何一位世界級的高爾夫球手都優秀。

天使很生氣地問上帝：「這就是您對長老的懲罰嗎？」

上帝說：「是的，你想想，他有這麼驚人的成績以及興奮的心情，

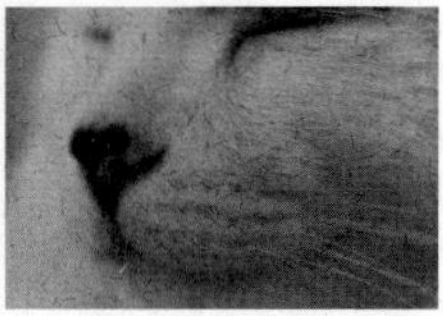



卻不能跟任何人說，這不就是最好的懲罰嗎？」

從這個故事可以看出：上帝之所以認為沒有人分享是對那位猶太長者最大的懲罰，是因為上帝也知道分享是一種樂趣。

漫漫人生路不要一個人走，分享你的一切，感受生活的幸福。人生短暫，學會與人分享生命中的快樂與悲傷，這樣可以使你擁有很多朋友，拉近彼此間的距離。你分享得越多，給予得越多，你就擁有得越多，也就會更加快樂。幸福的真諦是分享，當你學會與人分享時，你的世界將變得與眾不同。

## 04 改變的勇氣

只有變化是永恆的。

——赫拉克利特

你是否對現狀不滿，生活、工作都不盡如人意？那麼，大膽地改變自己，才能找回曾經的快樂。丟棄舊我，尋找全新的自己，重拾生活的樂趣。

還記得我們每年過年前都要進行大掃除的經歷嗎？當我們把一箱又一箱的東西打包時，一定會很驚訝自己竟然在短短一年內，累積了這麼多東西。此時的我們開始懊悔：如果自己平時稍微花點時間作整理，淘

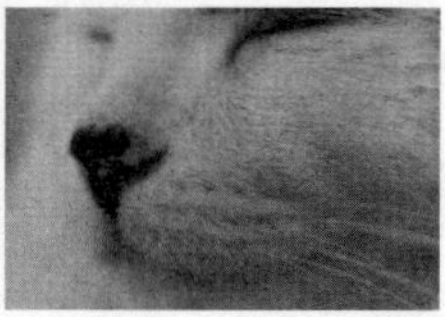

# Chapter 1
# 對你而言，幸福是什麼

汰一些不再需要的東西，今天就不至於累得連脊背都直不起來。

做人也是這個道理：在人生道路上，我們隨時隨地都應該做自我清掃，丟棄舊我，接納新我，把自己重新清掃一遍。尼克就是一個這樣的例子。

尼克是一個藝人，兩年前他踏進了演藝圈，演藝事業一直一帆風順。有很多人上門找他拍戲，一時間，他的演藝前途頗被看好。

但是，尼克似乎並不開心，在演藝界，他好像並不能最好地展現自己。兩年之後，他毅然離開了演藝界。他一心想找出未來發展的方向。於是，天黑之後，尼克常常是一個人跑到海邊釣魚、發呆。

有一天，他獨坐海邊，遠遠地望著對岸市區內的燈火，心裡突然有一股聲音出現：「我這是在幹什麼？難道一輩子老死在這裡，無所事事？不如去開餐廳吧！」

尼克立即在腦海中搜索，從小到大自己最喜歡的事是什麼？「吃」是尼克認為最有意義的事情。他一向是家裡的烹調高手，沒事的時候可以一整天待在廚房裡研發。

「我為什麼不好好發揮自己的這項專長呢？」尼克緊鑼密鼓地展開他的創業大計。一面找人籌募資金，一面到大學選讀會計、營銷課程。不久，他的概念式泰國餐廳開張了，尼克負責的職務從洗碗、配菜、打雜到掌廚，幾乎全套包辦，一旦忙起來，每天工作十幾個小時，下班回家還抱著食譜繼續研究，非得做到深夜才罷休。

在他來看，做菜不僅是一門藝術，要想取得成功，就要放入各種元素，不停地試驗，樂趣實在太大了。他已經打算把吃當成一輩子的事業，這也是他一生中最愛的事業。

從上面的例子可以看出，生活就是這樣，我們隨時要懂得放棄。只有放棄了舊我，才能找到真正的自我。丟棄舊我，尋找全新的自己，關鍵在於你有沒有改變的勇氣。

生活中的一切都可以改變，改變現狀，改變方向，改變自我。或許，好與壞沒有明顯的界限，重要的是，我們在改變中成長，在改變中醞釀著成熟，在改變中迎來全新的自我。

有一條小河流從遙遠的高山上流下來，經過了很多個村莊與森林，

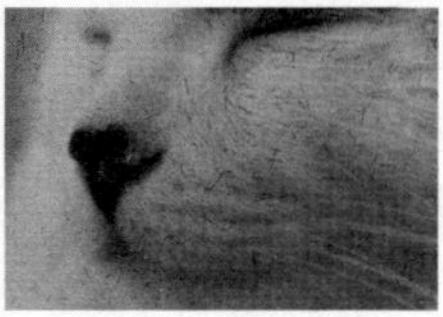

Chapter 1

# 對你而言，幸福是什麼

最後它來到了一個沙漠。它想：「我已經越過了重重的障礙，這次應該也可以越過這個沙漠吧！」

當它決定越過這個沙漠的時候，它發現它的河水漸漸消失在泥沙當中，它試了一次又一次，總是徒勞無功，於是它灰心了，「也許這就是我的宿命吧，我永遠也到不了傳說中那片浩瀚的大海。」它頹喪地自言自語道。

這時候，四周響起了一陣低沉的聲音：「如果微風可以跨越沙漠，那麼你小河流也可以。」原來這是沙漠發出的聲音。

小河流很不服氣地回答說：「那是因為微風可以飛過沙漠，可是我卻不行。」

「因為你堅持你原來的樣子，所以你永遠無法跨越這個沙漠。你必須讓微風帶著你飛過這個沙漠，到達你的目的地。只要你願意放棄你現在的樣子，讓自己蒸發到微風中。」沙漠用它低沉的聲音說道。

小河流從來不知道有這樣的事情，「放棄我現在的樣子，然後消失在微風中？不！不！」，小河流無法接受這樣的說法，畢竟它從未有這樣的經驗，消失在風中？那麼不等於是自我毀滅了嗎？「我怎麼知道這是真的？」小河流問道。

「微風可以把水氣包含在它之中，然後飄過沙漠，到了適當的地點，它就會把這些水氣釋放出來。然後這些雨水又會形成河流，繼續向前進。」沙漠很有耐心地回答。

「那我還是原來的河流嗎？」小河流問。

「可以說是，也可以說不是。」沙漠回答，「不管你是一條河流或是看不見的水蒸氣，你內在的本質從來沒有。你會堅持你是一條河流，是因為你從來不知道自己內在的本質。」

此時在小河流的心中，隱隱約約地想起了自己在變成河流之前，似乎也是由微風帶著自己，飛到內陸某座高山的半山腰，然後變成雨水落下，才變成今日的河流。

勇敢地尋求改變，這樣就能放棄舊我，尋找到全新的自己。盡早丟棄人生中不值得留戀的東西，不斷累積新的東西。捨棄舊的，迎來新的，未來嶄新的生活就在眼前。

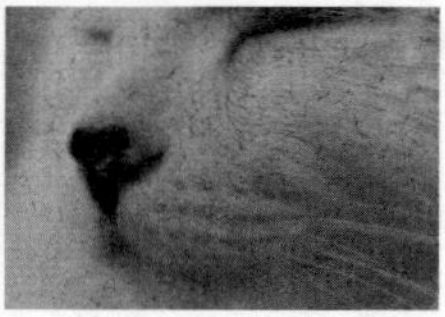

## Chapter 1
# 對你而言，幸福是什麼

猶太人伯格，從前也是一貧如洗，年輕時甚至還無所事事，在家賦閒無聊。後來生活日漸拮据，伯格想：「我不能這樣貧窮下去，應該去闖一番事業。」於是他拿出一些錢給乞丐，叫他們去撿人家丟掉的生菜，然後賣給貧窮的勞工們。

當他開始做這項生意時，不少人嘲笑他，諷刺他，甚至有朋友拒絕與他來往，但是伯格根本不在乎這些，他認為這些「小錢」是他事業的全部基礎。幾年後，伯格又投資了船舶業，成了著名的船舶大王，他的事業也開始蒸蒸日上。

當我們對現在的自己失去信心或者感到自己現在的事業生命無意義時，我們就要主動學會放棄。放棄是一種選擇，也是一種睿智。明智的放棄勝過盲目的執著，它讓你不盲從、不迷失、不狹隘。

當你能夠睿智而坦然地放棄的時候，你的生命就得到了昇華，你的人生就得到了跨越。

生命如同一次旅行，背負的東西越少，越能發揮自己的潛能。你可以列出清單，決定背包裡該裝些什麼才能幫助你到達目的地。丟掉應該丟棄的東西，把更多的位置空出來，讓自己輕鬆起來。

親愛的朋友們，如果你對現狀不滿，就請立刻做出改變。丟掉舊我，尋找全新的自己，全新的生活。把不快樂丟到一邊，為了幸福的生活而尋找全新的自我。

# 05 幸福就是活在當下

過去的快樂留待回憶，未來的快樂正在計劃，但快樂只能現在感受。

——佚名

什麼是幸福？這個問題很難回答，因為幸福是一種主觀感受，在同樣的條件下，有人會感覺幸福有人會感覺不幸福，正因為「幸福」的眾口難調，所以歷來哲人將給予人們追求幸福的自由和權力，看得比幸福本身更重要。為了追求幸福，我們似乎成天在趕路，腳步匆匆，不敢稍停一下，生怕一旦懈怠便再也趕不上別人的步伐。

# 平凡是真　平淡是福

從小老師和父母就教導我們，想要出人頭地，必須制訂目標，努力去實現。但是在我們一心一意執著於想去的地方，卻忘了享受眼前的風景。我們犧牲今天，期待更美好的未來現身，到頭來卻發現事業有成了，卻很少能使我們發自內心展顏歡笑。其實，幸福就是享受當下的生活，享受快樂的時光。

在墨西哥海岸邊，有一個美國商人坐在一個小漁村的碼頭上，看著一個墨西哥漁夫劃著一艘小船靠岸，小船上有好幾條大黃鰭鮪魚；這個美國商人對墨西哥漁夫能抓住這麼高檔的魚恭維了一番，問他要多少時間才能抓這麼多？

墨西哥漁夫說：「才一會兒工夫就抓到了。」

美國人再問：「你為什麼不待久一點多抓一些魚呢？」

墨西哥漁夫說道：「這些魚已經足夠我一家人生活所需啦！」

美國人又問：「那麼你一天剩下那麼多時間都在做什麼？」

墨西哥漁夫說：「我呀，我每天都睡到自然醒，出海抓幾條魚，回來後跟孩子們玩一玩，再跟老婆睡個午覺，黃昏時晃到村子裡喝點小酒，

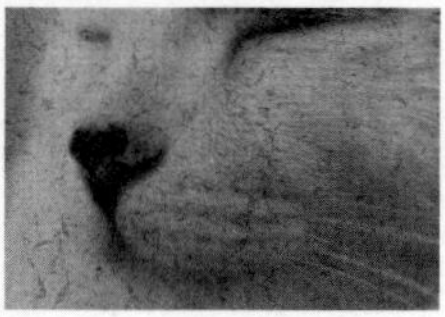



跟哥兒們彈彈吉他，我的日子過得充實又忙碌！」

美國商人不以為然，他說：「我是美國哈佛大學的企管碩士，我倒是可以幫你忙！你應該每天多花一些時間去抓魚，到時候你就有錢去買條大一點的船，自然你就可以抓更多魚，再買更多漁船。然後你就可以擁有一個船隊。到時候你就不必把魚賣給魚販子，而是直接賣給加工廠，或者你可以自己開一家罐頭工廠。如此你就可以控制整個生產、加工處理和行銷。然後你可以離開這個小漁村，搬到墨西哥城，搬到洛杉磯，最後到紐約，在那裡經營你不斷擴充的企業。」

墨西哥漁夫問：「這要花多少時間呢？」

美國人回答：「十五到二十年。」

墨西哥漁夫問：「然後呢？」

美國人大笑：「然後你就可以在家當皇帝啦！時機一到，你可以宣佈股票上市，把你的公司股份賣給投資大眾。到時候你就發啦！你可以幾億幾億地賺！」

墨西哥漁夫問：「然後呢？」

美國人說：「到那個時候你就可以退休啦！你可以搬到海邊的小漁村去住，每天睡到自然醒，出海隨便抓幾條小魚，跟孩子們玩一玩，再跟老婆睡個午覺，黃昏時，晃到村子裡喝點小酒，跟哥兒們彈彈吉他！」

聽到這裡，漁夫一笑：「先生，如果是這樣，為什麼要繞那麼大一個圈子呢？我今天不正過著你設想中的生活嗎？」

墨西哥人是睿智的。如果沿著美國人鋪設的人生軌道，苦苦奮鬥幾十年所能得到的，還不是當下已經擁有的生活？但是，多少人一生在茫茫紅塵中奔走，在名與利的泥潭中跋涉，總是以為自己所追求的幸福在更遠的地方。結果，忙忙碌碌轉了一大圈之後，才發現真正的幸福就在原來出發的地方。

生命是用來享受生活的，我們應該學會享受當下的幸福。明天的快樂是未知的，很難把握，更是不能用來享受的生活；昨天的日子再輝煌，也早已成為不能追溯的記憶了。只有今天，才是我們真正應該在意的生活。享受今天，過自己想要的生活吧！

有的時候，人很奇怪，每每要到了失去後，才懂得珍惜。其實，幸

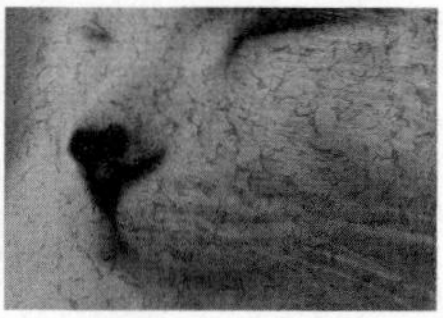

## Chapter 1
# 對你而言，幸福是什麼

福早就放在你的面前，只是你沒有用心發現：肚子餓了的時候，有一碗熱騰騰的拉麵放在你眼前，幸福；累得半死的時候，撲上軟軟的床，也是幸福；哭得要命的時候，有人溫柔地遞來一張紙巾，更是幸福。幸福，就是享受當下的生活。

有一個人，他生前善良而且熱心助人，在他死後，升上天堂，做了天使。他當了天使後，仍時常到凡間幫助人，希望能感受到幸福的味道。

有一天，他遇見一個農夫，農夫的樣子非常煩惱，他向天使訴說：「我家的水牛剛死了，沒牠幫忙犁田，那我怎能下田工作呢？」於是天使賜給他一隻健壯的水牛，農夫很高興，天使在他身上感受到幸福的味道。

又有一天，他遇見一個男人，男人非常沮喪，他向天使訴說：「我的錢都被騙光了，沒有盤纏回鄉。」於是天使送給他銀兩做路費，男人很高興，天使在他身上感受到幸福的味道。

又一日，他遇見一個詩人，詩人年輕、英俊、有才華而且富有，妻子貌美又溫柔，但他卻過得不快樂。

天使問他：「你不快樂嗎？我能幫你嗎？」

詩人對天使說：「我什麼也有，只欠一樣東西，你能夠給我嗎？」

天使回答說：「可以！你要什麼我都可以給你。」

詩人望著天使：「我想要的是幸福。」

這下子把天使難倒了，祂想了想，說：「我明白了。」然後祂把詩人所擁有的都拿走。天使拿走詩人的才華，毀去他的容貌，奪去他的財產，和他妻子的性命，天使做完這些事後，便離去了。

一個月後，天使再回到詩人的身邊，他那時餓得半死，衣衫襤褸地躺在地上掙扎。於是，天使把他的一切還給他，然後，又離去了。

半個月後，天使再去看看詩人。這次，詩人摟著妻子，一直向天使道謝，因為，他得到幸福了。

珍惜身邊的一切，享受當下的生活，這就是幸福的真諦。生活就是變幻的過程，人生沒有定格的風景，就像開車一樣，駕車飛奔如同快速穿越人生時空，一時陽光明媚，一時風狂雨驟；一時山窮水複疑無路，一時柳暗花明又一村。行車沒有重複的風景，人生行路也一樣，哪怕有

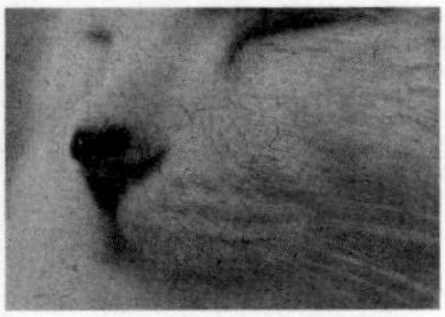

Chapter 1
## 對你而言，幸福是什麼

時處境似曾相似，但歲月不待、人事已非，舊時境也不會再有舊時情。所以，想擁有永恆美好的時光太難，只有學會珍惜、欣賞、享受當下的每寸光景，不要時過境遷再來歎惜、追悔和遺憾！

人生景觀猶如行車景變一樣，每一道光景都有它的味道，無論是苦是樂、是醜是美，甜酸苦辣都是滋味！一切歷經漫長歲月過濾而沉澱於記憶深處的東西，都有它特別的審美價值。因此，享受當下的生活，才是真正的幸福之道。

# 06 不完美也是一種幸福

最完美的產品在廣告裡，最完美的人在悼詞裡，最完美的愛情在小說裡，最完美的婚姻在夢境裡。

——佚名



不完美也是一種幸福。現實生活中的很多人都在盡自己所能去追求完美，他們過著優裕的生活，房子、車子、漂亮的老婆……但是卻很少有人覺得自己幸福。

其實，幸福是一種心境，因人而異，隨時間環境而變化。今天你

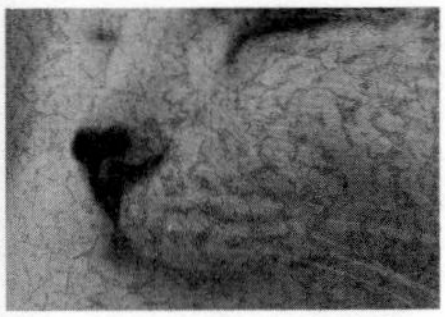

## Chapter 1
# 對你而言，幸福是什麼

是個不起眼的小職員，你有對幸福的標準，也許只是生活安逸無波瀾就好；但明天如果你成為全國皆知的大名人，幸福在你的位置上一定會不一樣了。幸福或不幸福是在人的心，不在外在的物質表現，即使是百萬富翁一樣會感到失落。無聊和孤獨是心最痛苦的感受，因為心沒有歸宿，沒有能扎根的沃土，才會迷失，意志才會被摧毀，人也就會感到不幸福。

不完美也是一種幸福，當你擁有了想要的一切，會不會覺得生命中少了一些什麼呢？歲月就像一條大河，人們歷經風雨的心，在歲月的磨煉中尋找著對幸福的領悟。

在人生的長河裡，每個人都活得很辛苦，每個人都有著或者曾經有過這樣或者那樣的失意。生活本身就是酸甜苦辣五味俱全的，我們要平和地對待生活中的每一件事，要善意地對待身邊的每一個人，要保持真誠、寬容、健康的心態，用心去感受生活對我們的恩賜。不要過度強調完美，因為那樣會使我們一味地生活在痛苦之中。

從前，在迪河河畔住著一個磨坊主傑克，他是英格蘭最快活的人。傑克從早到晚總是忙忙碌碌，同時像雲雀一樣快活地唱歌。

傑克是那樣的樂觀，以致其他人都跟著樂觀起來了。這一帶的人都喜歡談論傑克愉快的生活方式。終於，國王聽說了傑克，於是說：「我要去找這個奇怪的磨坊主談談。」

他一走進磨坊，就聽到磨坊主傑克正唱著：「我不羨慕任何人，不羨慕，因為我要多快活就有多快活。」

「我的朋友。」國王說，「我真羨慕你，只要能讓我像你那樣無憂無慮，我願意和你換個位置。」

傑克笑了笑，對國王鞠了一個躬，說：「我絕對不會和您調換位置的，國王陛下。」

「那麼，請告訴我。」國王說，「是什麼使你在這個滿是灰塵的磨坊裡如此高興、快活呢？而我，身為國王卻每天如此煩悶苦惱？」

傑克笑了笑，又說道：「我不知道您為什麼憂鬱，但是我能簡單地告訴您，我為什麼高興。我自食其力，我愛我的妻子和孩子，我愛我的朋友們。他們也同樣愛我。這裡有這條迪河，每天它使我的磨坊運轉，磨坊把穀物磨成粉，做成麵，養育我的妻子、孩子和我。」

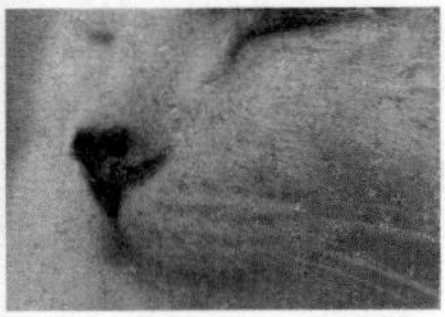



「不要再說了。」國王說，「我真羨慕你，你這頂落滿灰塵的帽子比我這頂金冠更值錢。你的磨坊給你帶來的要比我的王國帶給我的還要多。如果有更多的人像你這樣，這個世界該是多麼美好啊！」

幸福與否，與世俗和物質的一切沒有什麼必然聯繫。每個人生活在這個世界上，不必刻意地追求完美。如果在意太多，你的生活肯定烏煙瘴氣。試想，我們每天除了要活，要吃，要穿之外，還要去賺錢養活自己的家人。我們要等著升職、加薪；要面對生活中的各種瑣事，還要應對病痛折磨等等不測。如果我們對自己的生活要求得太高，處處都要講究完美，那樣的生活會很累，那樣的日子會很憂傷，生活沒有亮點，一切就會索然無味。

乙武洋匡一九七六年出生在日本東京，雖然出生時先天性四肢殘缺，但他是個自強不息、快樂灑脫、心靈無障礙的年輕人。

雖然先天性重度殘疾，但他可以與正常人一樣參加各種體育活動：跑步、游泳、爬山、打球，還積極參加各種學生社團活動、演講比賽、研討會、拍電影以及與同學遠赴美國旅遊，受聘主持東京電視台《新聞的森林》欄目的主持人。他做過公務員工作、小學老師、還是一名作家，他寫的《五體不滿足》感動了許多人。當然，他還娶妻生子。

乙武洋匡最偉大的之處還在於他對自身身體的認識以及他快樂的人生。乙武洋匡從來沒有把自己四肢殘缺看成一個殘疾，只是看成自己與眾不同的地方，他很好地接受自己不完美的身體，因此也就不存在自卑。

他說過這麼一句話：「既然有殘障者做不到的事，應該也有只有殘障者才做得到的事。上天是為了叫我達成這個使命，才賜給我這樣的身體。」正是帶著這樣坦然的心態接納自己的身體，乙武洋匡才充滿了自信，才可以以一顆激情迎接人生路上的種種挑戰與考驗，最終成就了非凡的人生，讓自己的生命熠熠發光，用他自己的話來說：「我是殘疾人，但是我生活的每一天都是快樂的。」

乙武洋匡是不完美的，天生殘疾，但是他又是幸福的，他的人生充滿意義，每一天都很快樂。

一個身材矮小或者過於肥胖的人，可能無法成為模特兒和儀隊隊員，可是世界上對身材沒有苛刻要求的工作很多。一個人只要有了積極心態，將自己的某種缺陷轉化為自強不息的推動力量，那麼你的缺陷不但不會成為你的障礙，反而會成為你的福音。因為它會促使你更加專心於自己選擇的發展方向，往往能促使你獲得超出常人的發展，最終成為超越缺陷的卓越人士。

這方面的著名事例數不勝數，如身短耳聾的貝多芬、下肢癱瘓的羅斯福……等等，這些人要麼自身有缺陷，要麼家庭有缺陷，但他們都成了卓越人士，都從某個方面改變了世界。

在這個世界上，總有許多人一味地過分追求完美無缺，他們對自己、對周圍的人和事的要求都十分苛求，如果不能滿足自己的要求，他們自己往往會陷入痛苦的深淵而不能自拔。

一個漁夫從海裡撈到一顆大珍珠，他非常高興。可是回到家裡一看，發現珍珠上有一個小黑點，這樣漁夫覺得很不順眼。他想，如能把小黑點去掉，珍珠將變得完美無缺，成為無價之寶。漁夫便開始去掉黑點，可是剝掉一層，黑點仍在，再剝一層，黑點還在，剝到最後，黑點沒了，但珍珠也不復存在。

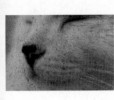

因此，對生活不要太追求完美，而要在平常的生活中學會感恩。

有一天，俄國作家索洛古勒對列夫．托爾斯泰說：「您真幸福，您所愛的一切您都有了。」

托爾斯泰說：「不，我並不具有我所愛的一切，只是我所有的一切都是我所愛的。」

印度有一個古老的故事，說佛祖為了消除人們的疾苦，就從人間中間選了一百個自以為最痛苦的人，讓他們把自己的痛苦分別寫在紙上。

寫完後，佛祖說：「現在，請你們把手中的紙條相互交換一下。」結果，這一百個人交換看了別人的紙條之後，個個都非常震驚。過去，總以為自己是最「不幸」的人，到現在才知道很多人比自己更加痛苦，那麼自己還有什麼理由如此消沉？

所以，對於大多數人來說，只要內心充滿陽光，一心一意地享受世界的精彩，那每天都是幸福的日子了。

不完美也是一種幸福，很多人以追求完美作為人生永恆的目標，他們為追求完美而放棄了很多不應該放棄的東西，浪費了很多不應該浪費

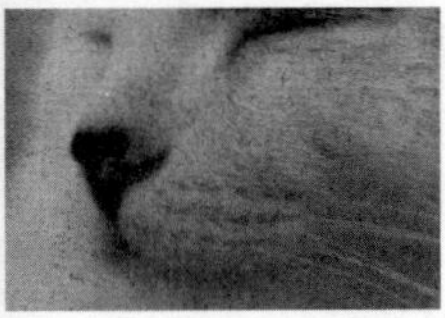

# Chapter 1
# 對你而言，幸福是什麼

的時間，但到頭來還是不完美。

實際上，生活在世上的人們，除了精神病患者和剛剛從痛苦中掙扎出來的人，現實生活對任何人來說都是不完美的，完美只是一種追求。因其存在不完美，人們才有動力，才能促使人們思變；因為不完美，你才會有改變、創造和進步的衝動，才能體會到改變和創造給你帶來的幸福和快樂。

現實之所以不完美，是由於人們的慾望沒有盡頭、永無止境，人與人之間有很大的差距，每個人的需求又千差萬別，並且誰也沒有權利和能力要求別人、乃至社會按照自己的預定目標走。人生一味地要求完美，必然造成對自己苛求，對他人不寬容。自古至今，追求完美的人不計其數，但上下幾千年沒有一個最終成為完美的聖人。

世間沒有任何事情是十全十美的，完美無缺只是一種追求，真正的完美是相對的也是短暫的，它不可能是長久存在，就像一個企業，創業時大家齊心合力努力奮鬥，使企業一天天發展，真正到了完美的頂峰，任何一個企業家絕不可能使企業始終保持在這個完美的頂峰，到達頂峰就意味著該走下坡路了，這就是事物發展的規律。

家庭也是一樣，不完美時夫妻團結努力創業，追求完美，一旦基本完美，就會出現揮霍享樂，不思進取，有的家庭就該出現破裂，不是離婚就是家庭出現敗家子，最後又回到當初的一窮二白，又重新開始奮鬥。

所以說，不完美也是一種幸福。在追求完美的過程中，努力奮鬥，尋找生命的意義；接受不完美的生活，從中體會真正的幸福。

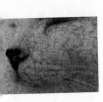

# 07 寬恕自己的過去

學會忘記，善忘是一件好事。

——佚名

忘記生活中不快樂的事，多想想那些令人高興的事，這就是生活的技術。學會忘記，把煩惱拋在腦後，讓快樂的事浮現在眼前，生活也將因此而不同。

古語有云：人非聖賢，孰能無過。每個人的一生中都會有一些或大或小的過失，不同的是人們對待自己過失的態度。有的人能充分認識到自己的錯誤，積極改正，吸取經驗教訓，不再犯錯。有的人則陷在深深的自責和害怕負責的恐懼中，惶恐不安，進而造成更多過失，不能安心地生活。

其實，我們不必要深陷於以往。寬恕自己的過去吧，因為你還有明天，只有寬恕自己的過去，才能擁有更美好的明天。

一天，一位得道的高僧休息前吩咐他的小弟子去給佛祖點上香火，這個粗手粗腳的小和尚不小心把香爐打翻了，香灰撒了一地，剛剛插好的香火也斷了，差點燃著了整個祭堂。小和尚知道自己闖了大禍，偷偷地躲了起來。

第二日，高僧找不到小和尚，便親自來到祭堂探究原因，得知了事情真相後，他稍微有些生氣，但是很快就平息了下來。他派人去把躲藏起來的小和尚叫來。

小和尚因為害怕，哭了一夜，眼睛腫腫的，心想這次一定被重罰。高僧看了一眼小和尚：「你耽誤了今天的晨課，知道嗎？」

小和尚抬起頭，很不解地望向老和尚，然後低頭主動認錯：「師傅，我錯了。我昨晚打翻了香爐，你不生氣嗎？為何今日不責罰我，反而僅

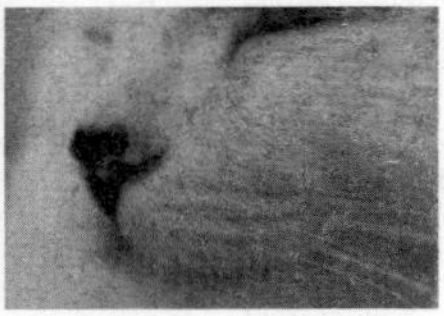

## Chapter 1
# 對你而言，幸福是什麼

僅怪我耽誤了晨課呢？」

老和尚語重心長地說：「昨天你犯的錯誤，我是很生氣，可是事情已經過去了，再來追究誰的責任已無益處。昨天香灰已灑，香火已斷已經是無法挽回的事情了，唯一可以做的便是今天馬上換上新的香灰，重新點上香火，再把今日的晨課補回來。如果因為昨天的失誤，把今天的光陰也賠進去的話，那才是不可饒恕的。你明白了嗎？」小和尚恍然大悟。

或許我們每一個人都曾經經歷過這個小和尚的角色，我們為了昨天的失誤而哭泣，甚至放棄了今日應該做的主題，明日再為今日的放棄而哭泣，日日相仿，人生就這樣丟失了它的意義。當昨天的事情我們已經無力改變，那麼就應該勇敢地去面對它，把握好今天，創造美好的明天，才是最有價值的行為。要讓自己快樂，就必須給自己減壓，減壓的好方法就是學會忘記，人生需要能拿得起，有時候放得下更重要。

佛經裡有個小故事，說小和尚和老和尚一起去化緣，小和尚畢恭畢敬，什麼事都看著師父，走到河邊，一個女子要過河，老和尚背起女子過了河，女子道謝後離開了。

小和尚心裡一直想著，師父怎麼可以背那個女子過河呢？但他又不敢問，一直走了二十里，他實在憋不住了，就問師父，我們是出家人，你怎麼能背那女子過河呢？

師父淡淡地說，我把她背過河就放下了，可是你卻背了她二十里地還沒放下。

大和尚的話充滿禪意，仔細想想，也是人生的道理。人的一生像是一次長途跋涉，不停地行走，沿途會看到各種各樣的風景，歷經許許多多的坎坷，如果把走過去看過去的都牢記心上，就會給自己增加很多額外的負擔。閱歷越豐富，壓力就越大，還不如一路走來一路忘記，永遠保持輕裝上陣。過去的已經過去了，時光不可能倒流，除了記取經驗教訓以外，其他可不必耿耿於懷。

無論過去發生了哪些故事，都已經成為歷史的前頁。我們應該以一顆坦然的心去回憶那些輝煌或者挫敗，成功或者過失，把更多的心思和希望放在未來才是智者的選擇。相信明天會更好，就不要計較過去的得

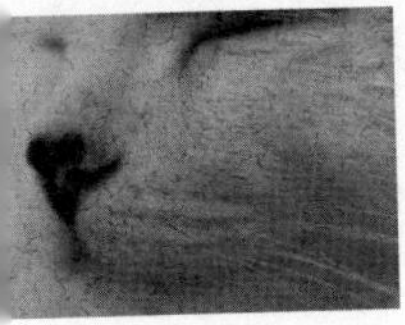

## Chapter 1
# 對你而言，幸福是什麼

失和痛苦，放下過去，才能輕鬆地走在通往明天的路上。

美國新澤西州有一所特別的小學，在這所小學裡有一個由二十六位曾經誤入歧途的孩子組成的特殊班級。他們有的吸過毒，有的進過少管所，家長、老師和學校對他們非常失望，甚至想放棄他們，一位名叫菲拉的女教師主動要求接手這個班。

菲拉的第一節課，並不像以前的老師那樣整頓紀律，而是在黑板上給大家出了一道選擇題，讓學生們根據自己的判斷選出一位在後來能夠造福於人類的人。

她列出三個候選人：

A、篤信巫醫，有兩個情婦和多年的抽菸史，而且嗜酒如命。

B、曾經兩次被趕出辦公室，每天都要睡到中午才起床，每晚都要喝大約一升的白蘭地，而且有過吸食鴉片的紀錄。

C、曾是國家的戰鬥英雄，一直保持吃素的習慣，不抽菸，偶爾喝一點啤酒，年輕時從未做過違法的事。

大家的答案不謀而合，都選擇了C。

菲拉公佈答案，A是富蘭克林．羅斯福，連續擔任過四屆美國總統。B是溫斯頓．丘吉爾，英國歷史上最著名的首相。C是阿道夫．希特勒，法西斯惡魔。

大家都驚訝極了。

菲拉告訴大家：「孩子們，過去的榮譽和恥辱只能代表過去。真正能代表一個人一生的，是他現在和將來的作為。從現在開始，努力做自己一生中自己想做的事，你們都將成為了不起的人。」

菲拉的這堂課，改變了這二十六個孩子的命運。華爾街最年輕的基金經理人——羅伯特．哈里森，就是其中的一位。

歷史上這些著名的偉人都沒有完美的一生，我們更不必要去苛責自己了。只要我們能夠正確地認識自己，盡量彌補自己曾經的過失，盡量避免現在和以後犯錯誤，努力去做自己想做的有意義的事情，那麼我們就能超越自我，創造美好未來。

然而，忘記需要選擇，有些人有些事在你的一生中是無法忘懷的，也不該忘懷。

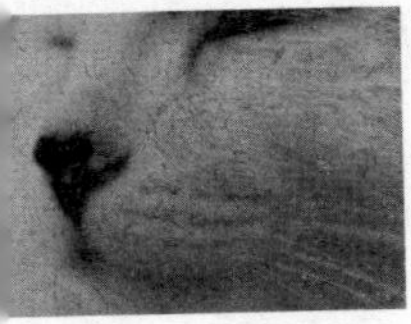

## Chapter 1
# 對你而言，幸福是什麼

阿拉伯著名作家阿里，有一次和吉伯、馬沙兩位朋友一起旅行。三人行經一處山谷時，馬沙失足滑落。幸好吉伯拚命拉他，才將他救起。

馬沙於是在附近的大石頭上刻下了：「某年某月某日，吉伯救了馬沙一命。」

三人繼續走了幾天，來到一處河邊，吉伯跟馬沙為一件小事吵起來，吉伯一氣之下打了馬沙一耳光。

馬沙跑到沙灘上寫下：「某年某月某日，吉伯打了馬沙一耳光。」

當他們旅遊回來後，阿里好奇地問馬沙為什麼要把吉伯救他的事刻在石上，將吉伯打他的事寫在沙上？

馬沙回答：「我永遠都感激吉伯救我，我會記住的。至於他打我的事，我只隨著沙灘上字跡的消失，而忘得一乾二淨。」

這個故事告訴我們，牢記別人對你的幫助，忘記別人對你的不好，這才是做人的本分。

學會忘記是一種人生境界。忘記成功，你便能從零開始，邁開今天前進的步伐；忘記失敗，你便能充滿信心，勇敢地面對未來的挑戰；忘記怨恨，你便能擺脫報復的陰影，化干戈為玉帛，心平氣和地善待他人，與朋友重結秦晉之好；忘記痛苦，你便能擺脫糾纏，讓身心沉浸在悠閒無慮的寧靜裡；忘記遺憾，你便能放下包袱，輕裝上陣；忘記給予，你便能拋棄回報的期待，變得寬容；忘記名利，你便能知足常樂，活得更加瀟灑。

學會忘記是一種豁達的生活態度。學會忘記，你便能走出失敗的陰影，走出自卑的泥潭，走出痛苦的深淵，重新認識自己；學會忘記，你便能走過單純、幼稚的昨天，走向成熟、自信的明天；學會忘記，你便能做一個日臻完美的人。

人要想讓自己的一生過得快樂和幸福，就必須記住該記住的，忘記該忘記的，改變能改變的，接受不能夠改變的。這不僅是一種胸懷，更是一種境界。正所謂：寵辱不驚，閒看庭前花開花落；去留隨意，漫隨天外雲卷雲舒。人生若能如此，那麼將會是多麼的完美和幸福呀！

學會忘記是生活的技術，掌握了這門技術就能擁有一顆寬容的心，在紛繁複雜的社會中怡然自得，獨享那份寧靜。

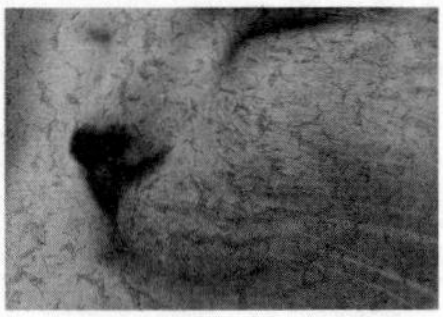



# 09 平凡是真，平淡是福

生命在閃光中顯出燦爛，在平凡中顯出真實。

——伯克

平凡是真，平淡是福，只有經歷過世事後才知道平淡是最好的。繁華只是表象，所有的絢麗最終都將歸於平淡。只有在經歷過紛繁華麗世事之後，才會更深地懂得所有的追逐都只是虛妄，所有的功名利祿不過是過眼煙雲。正如人赤裸裸地來又赤裸裸地去，最終才發現只有平平淡淡才是幸福，洗盡鉛華去盡雕飾的才是最真實的。

都市的喧囂，慾望的膨脹，情感的迷失，讓人不由自主地煩躁、苦悶。我們無法撥開世上塵氛，也無法消卻心中鄙吝，月來風來愁無數。其實幸福是一種感覺，它總是如影隨行，瀰漫在我們伸手即可觸摸到的任何地方。幸福不是不在，是我們太過敏感易脆，寧願將自己縮在殼裡小心翼翼地生活。以為這遠離了傷害，其實也遠離了幸福。

隨著生活壓力的增加，人們漸漸忘記了幸福的真諦：沐浴在溫暖的陽光裡是一種幸福，牽著愛人和孩子的小手散步是一種幸福，一家人圍在桌子前樂融融地吃飯也是一種幸福……只因這些太過平凡，太過隨意，常常讓人忽略，甚至遺忘。

平淡的生活，雖然沒有鮮花，沒有掌聲，沒有繁華熱鬧，沒有大富大貴，但正是因為這份平淡，生活才真實而灑脫，隨心而如意。

平淡，最重要的是淡泊名利。古今中外，許多名人都把功名利祿看得很淡。孟子曾云：「富貴於我如浮雲。」居里夫人曾把皇家發給她的金光閃閃獎章拿給小女兒玩。她說：「榮譽，只是玩具而已！」

陶淵明是中國古代著名的文學家，他不僅詩文非常有名，而且他蔑

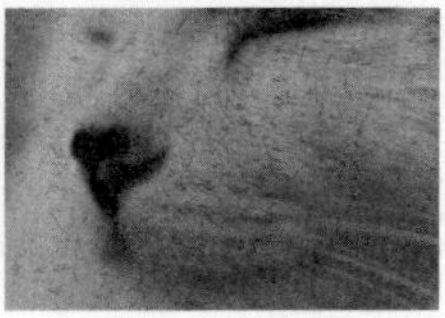



視功名富貴，不肯趨炎附勢。陶淵明生活的時代，朝代更迭，社會動盪，人民生活非常困苦。公元四〇五年秋天，陶淵明為了養家餬口，來到離家鄉不遠的彭澤當縣令。這年冬天，他的上司派一名官員來視察，這位官員是一個粗俗而又傲慢的人，他一到彭澤縣的地界，就派人叫縣令來拜見他。

陶淵明得到消息，雖然心裡對這種假借上司名義發號施令的人很瞧不起，但也只得馬上動身。不料他的祕書攔住陶淵明說：「參見這位官員要十分注意小節，衣服要穿得整齊，態度要謙恭，不然的話，他會在上司面前說你的壞話。」

一向正直清高的陶淵明再也忍不住了，他長歎一聲說：「我寧肯餓死，也不能因為五斗米的官餉，向這樣差勁的人折腰。」他馬上寫了一封辭職信，離開了只當了八十多天的縣令職位，從此再也沒有做過官。

從官場退隱後的陶淵明，在自己的家鄉開荒種田，過起了自給自足的田園生活。在田園生活中，他找到了自己的歸宿，寫下了許多優美的田園詩歌。

他寫農家人生活的悠然自得：「曖曖遠人村，依依墟里煙」，他寫自己勞動的感受：「采菊東籬下，悠然見南山」，他也寫農人勞作的甘苦：「種豆南山下，草盛豆苗稀」、「不言春作苦，常恐負所懷」。

甘居陋室的劉禹錫高唱「斯是陋室，惟吾德馨」；才藝絕綸的唐伯虎一生只求「不煉金丹不坐禪，不為商賈不耕田；閒來寫就青山賣，不使人間造孽錢。」這些文人都是在以他們特殊的方式來表現著自己對聲色的遠離，對平淡的渴望，在這樣的平淡後面，需要很大的忍耐，需要的更是一種心如湖水般的平靜。

平凡是真，平淡是福。生命的過程，本來就很平淡，如一片落葉。那掛在梢頭的樹葉，當初不過是一星鵝黃，繼而碧綠，甚或泛紅，最後不知不覺地暗淡成褐色，化為泥土，這是自然規律，也是塵世間所有生物的軌跡。

生活的內容，本來也很平淡，如一杯白開水。然而，許多人喜歡根據自己的嗜好，往杯子裡放糖、放鹽、放茶、放藥……這樣才產生了百味人生，於是什麼酸甜苦辣，榮辱得失，種種盡在其中。

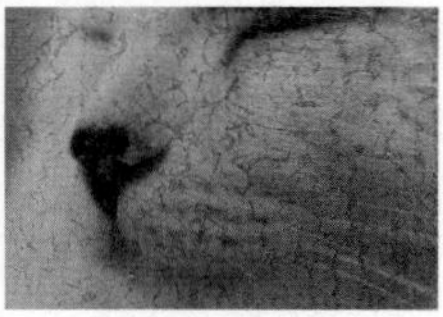

Chapter 1

# 對你而言，幸福是什麼

我們的生活，是由千千萬萬個看似平淡且乏味的日子組成的。但正是因為平淡，才有了收穫的喜悅，才會有經過千山萬水抵達彼岸的自豪和歡欣，甚至一句輕輕問候也會帶來春天般的溫暖；因為平淡，才有了事業成功的輝煌，才會使你為獲得友誼而欣喜，才會歌唱愛的絢麗和偉大……正是因為有了這樣的平淡，懂得忍耐住內心的渴望，才會更加珍惜我們所獲得的平淡的東西。生活中有許許多多的人，不求轟轟烈烈、大富大貴，但求平平淡淡、開開心心，而他們也真的做到了。

平淡是生活的一種境界，平淡是「度」，平平淡淡的，我們不會瘋狂、也不會迷醉，有了這種心境，這樣我們處世就能坦坦蕩蕩，做人就能明明白白，有了這樣的心境，我們才可以平平靜靜的，才會以一種豁達的心態去面對起伏的人生，才不會因為外界紛繁複雜的世界而迷失了方向，迷失了自我。

遠離聲色，甘於平淡，我們才能以睿智頭腦總結人生的昨天、過好人生的今天、思考人生的明天，才會懂得多彩人生需要平淡生活詮釋，平淡生活需要多彩人生烘托。

# 平凡是真 平淡是福

有了平淡心境，精神不會頹廢、意志不會消沉、處世不會癲狂、人生軌跡不會偏頗。有了遠離聲色，甘於平淡的心境，才可以忍受住外界的誘惑，才可以心無旁騖不受他人影響地過自己平淡的日子，可以開開心心地生活一輩子，這樣的生活才會讓我們覺得很溫馨、很舒暢。

生活平平淡淡才是真，日出而作，日落而息，柴米油鹽，都是世俗生活的組成部分，平淡無奇然而真實。人之於世，經歷各有不同，即使是壯懷激烈挽狂瀾於既倒的英雄豪傑，也有世俗的一面，而且最後都要歸於平淡。

遠離世間聲色的生活，可以讓人們快樂地生活，誰又能否認它的作用呢？一粒沙是多麼的渺小，但就是這樣不起眼的沙粒構成了令人震驚沙漠奇景。偉大的成就通常都是由眾多平淡的因素構成的。如果你能夠做到平淡生活，有一天你會發現自己已經創造了許多不平凡，成就了快樂的人生。

只有平淡的人，才會原諒自己，欣賞別人。玫瑰長滿了刺，但能發出濃郁的芳香；小溪活潑歡跳，但淺澈自賞。人生沒有十全十美，世界

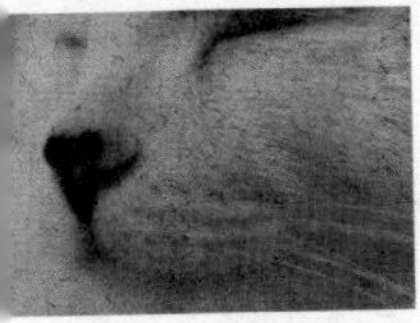



上哪棵樹上沒有疤痕？只有平淡的人，才會輕鬆地享受生活。

一些人無法忍受平淡，因為他們骨子裡藏著一絲不安分的情緒。茫茫人海，不知有多少人在仕途上你擁我擠，在慾海裡隨波逐流，在名利場上翻爬滾打。人生確實有許多誘惑亦真亦幻，令人難以取捨。但是正如地球都是由細小塵埃組成的一樣，平凡與瑣碎，構成了生命的永恆，飛揚只不過是曇花一現。

平凡的人們，平淡的生活，美好的人生蘊藏在平淡之中。在忙碌的時代放慢生活的步伐吧，尋找幸福的真諦，感受生活的美好。

平凡是真
平淡是福

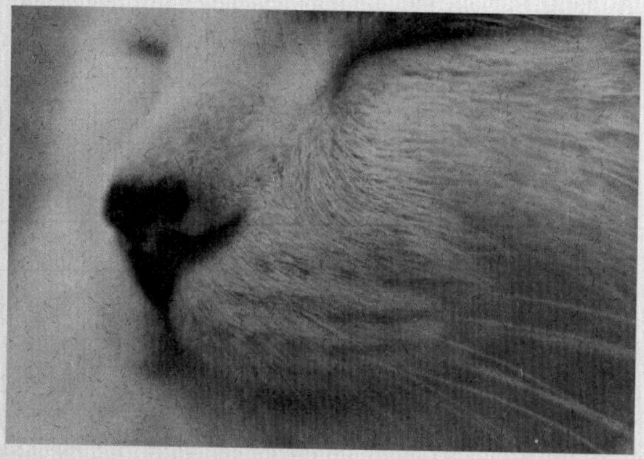

Chapter 2

# 看淡得失，學會珍惜

得與失互為因果，有失必有得，有得必失。失與得是事物存在的兩個狀態。人生由一連串的失與得編織而成，有得有失，有失有得。因此，只有看淡得失，才能領悟生命的真諦，進而學會珍惜。

# 01 當下的吃虧，未必是壞事

吃虧是福，捨得捨得，有捨才有得。
——佚名

「吃虧是福」這四個字之所以流傳深遠，家喻戶曉，與其中蘊含的深刻哲理是分不開的。人生一世，功名利祿，生不帶來，死不帶去，斤斤計較，徒然給自己增加痛苦而已。不如看淡得失。放下名利，享受生活的快樂。

真正有智慧的人，不在乎「裝傻充愚」的表面性吃虧，而是看重實質性的「福利」！也許有人說，現在都什麼時候了，你還在高唱不得人

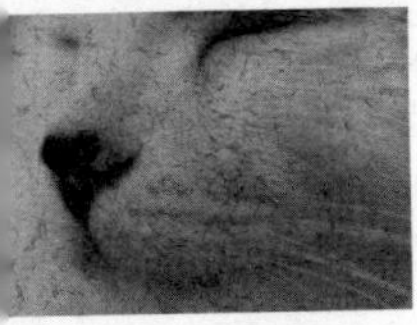

Chapter 2

# 看淡得失，學會珍惜

心的高調，還在做沒有新意的文章，有利不撈，有名不圖，有福不享，那才是傻瓜。

應當承認，吃虧並不好受，但也許它像咀嚼橄欖，先苦後甜，也許它像鳳凰投火，成為涅槃鳳凰。大地無私地為人類滋生豐登的五穀，絕不是毀滅自己，而是使自己的肌體更加肥沃、更加健壯；枝葉飄然落地，絕不是犧牲自己，而是使自己的生命得到延續，重現綠色；大海忘我地為大家奉獻寶藏，絕不是乾涸自己，而是使自己的胸懷更加博大，更加寬廣；太陽用熱能普照大地，滋潤萬物，絕不是耗盡自己，而是使自己光芒四射，燦爛奪目；同樣，你擁有了吃虧的品格，就會領略到人生的完善，情懷的高尚。

吃虧是一種胸懷，一種品質，一種風采。不懂吃虧，就不能完美地領悟人生；不懂吃虧，就不會有事業的壯麗輝煌；只有吃虧，會像無價的珍寶在每一個人心底深深珍藏。

做人一定要吃得虧，很多事情看似吃虧，實則受益。古時候一個老翁不小心丟了一匹馬，鄰里相親都認為是壞事，但過幾天這匹丟失的馬帶了一群野馬回來，正當大家高興時，老翁的兒子騎馬摔斷了腿，大家又開始為老翁兒子惋惜，說這是一件很倒霉的事情。誰知道過不了多久，由於發生戰爭，朝廷要徵新兵，老翁的兒子由於腿折了而沒有被抓去。而被徵兵的青年幾乎是全軍覆沒，所以最後老翁還是得利得福了。

這個寓意告訴我們，當下的吃虧，未必就是壞事。更多的時候，損失蠅頭小利會換得巨額大利。吃小虧在先，佔大便宜在後。

吃虧是福，吃虧也許會讓你暫時失去一些東西，但在失去的同時，你很有可能會得到另外一些更好的東西。這樣，你就沒有必要耿耿於懷，因為你知道此時的吃虧是為了將來的不吃虧，這樣你就會心甘情願地接受吃虧了。

吃虧，並不是輕易能做到的，需要有容忍雅量。能吃虧，是寬容大度、忍辱負重、能屈能伸的表現。

古時有一位林退齋尚書，他福德頗多，子孫滿堂。在他臨命終的時候，子孫跪在面前請求訓示，林退齋道：「沒有別的話，你們只要學吃虧就行了。」

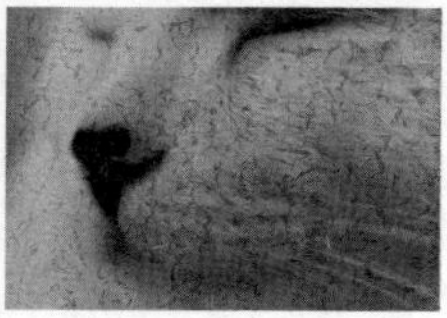

## Chapter 2
# 看淡得失，學會珍惜

能否吃虧，成為古人區分君子和小人的標準之一。被稱為「清初三大家」之一的散文家魏禧，曾經說道：「我不識何等為君子，但看每事肯吃虧的便是。我不識何等為小人，但看每事好便宜的便是。」「用『學吃虧』一語律已；以『怪不得』三字待人。」這也是明朝儒士薛敬軒所奉行的。一個人只要心存正念，隨順因緣，助人為先，即使一時「吃虧」，最終「因果」必定不會讓你「吃虧」。因為，吃虧即非吃虧也，該是你的，即使吃虧，還是你的。

多少成功人士無不是在吃了無數次的虧之後，才能取得事業的成功與輝煌的。他們懂得有時候吃虧只不過是表面的吃虧而已，吃虧後就會有更大、更多的獲得。

在日本，有個叫祖川的人，他有一段感人的經歷。二戰後，日本手工業很發達，而汽車運輸業則滯後，所以產生了許多靠出賣苦力的挑夫。祖川就是一個挑夫，進城替人挑東西，把東西從這個地方挑到另一個地方。

後來工業發展了，運輸業仍很欠缺。他就從家鄉招募了二十四個小伙子到東京，專門替人挑貨，自當老闆，生意越做越大。有錢後，祖川成立了公司，專做運輸。日本的島嶼很多，貨物從一個島嶼運到另一個島嶼，只能靠船隻。

有一次，祖川給客戶運貨，突然起了風浪，船被掀翻，貨物全部丟進了水裡，損失慘重，自己的積蓄幾乎全賠給了客戶。事後，祖川取出剩餘的錢，把二十四個小伙子叫到跟前，沉痛地說：「你們跟著我吃了許多苦，都很不容易。這次事故的責任在我，所以我把剩下的錢取出來分給你們，以感謝你們對我的信任。你們回去自己想辦法去吧。」

大夥兒說：「老闆，你該給我們的錢都已經給了，這錢我們不能要，還是你留著再創業用吧。」

祖川說：「你們回家去，要坐車，要搭船，要吃飯菜，得花許多錢的，還是大家分了吧。」大家深受感動，放聲痛哭，場面十分感人。

臨行前大家都說：「老闆，以後有機會我們還要跟你一起工作。」

第二年，祖川東山再起，他回去打了個招呼，那二十四個人全來了。他們根本不談工錢，而是說：「老闆，你看著給就行。」

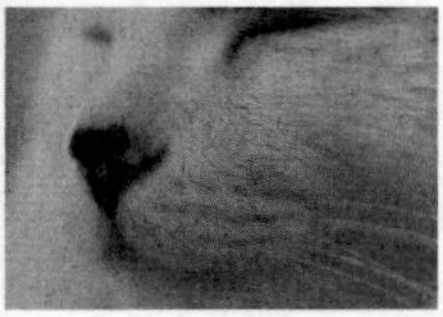

# Chapter 2
# 看淡得失，學會珍惜

吃得眼前虧，是為人處世的需要。經常佔便宜的人，無疑是不受歡迎的。因此，處世做人要肯吃虧，吃虧不但是待人處事最討巧的方式，也是做人處世能夠成功的不二法門。

大禹治水，三過家門而不入，因為他為民謀福，寧願自己吃虧，最後大家公推他為帝；著名的「管鮑之交」，旁人都說管仲在占鮑叔牙的便宜，但是鮑叔牙卻處處為管仲說話，後來還推薦他作宰相，正因為鮑叔牙肯「吃虧」，才交到一個好朋友，並且為國舉才，造福全國。

吃虧是以退為進。漢朝開國名將韓信少時，鄉里地痞要他爬過他們的胯下，否則就要挨打。他們人多勢眾，韓信顯然不是對手，若不應，不被打死也只剩下半條命，那日後如何統領雄兵，叱吒風雲。他爬了過去，似乎吃了眼前虧，但他是為了保住有用之軀，而不是怕那幫地痞。

在日常生活中，沒有不吃虧的人。但吃虧並不說明你無能或者無用，有時吃虧也只是一種大度的需要。吃得虧中虧，方為人上人。吃得虧，是你生活的一種老練與圓熟；是你人生超凡脫俗的一種老道與提升。

一個人無論在哪裡生活或工作都難免會吃虧，關鍵的是自己如何看待吃虧，而且在吃虧之後能夠保持坦然的心態，那是非常難能可貴的。一個人吃虧多了就會自然而然地變得精明強幹，正如古諺云：「吃一塹，長一智。」

人無完人，誰都有優點和缺點，真理是實踐中得知。一個人不吃點虧，就不知道自己的缺點和失誤是什麼，只要你用心體會、敢於面對，不要事事都想著別人的不是，你就會慢慢地變得更加成熟，並從吃虧中吸取教訓。

吃虧之於人生，猶如磨石之於鋒刃。任何一個有作為的人，都是在不斷吃虧中成熟和能幹起來，並進而變得更加聰慧和睿智。倘若有誰一旦吃虧便愁腸百結，鬱鬱寡歡，甚至捶胸頓足，一蹶不振，受傷害的只能是自己。這種傷害，服用任何宮廷祕方都無濟於事，診治的特效藥方只有四個字：「吃虧是福。」吃虧是福，一切盡在捨得之間。懂得吃虧的人，必將成就大事。

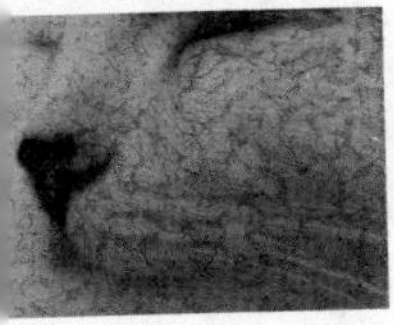



# 02 走好人生路，關鍵在選擇

上帝為每個人靈魂提供了選擇機會：或是擁有真理，或是得到安寧。你可以任選其一，但不能兼而有之。

——愛默生

人生在世，有一條準則就是有所為有所不為。任何事都有一個底限，超過了，就不能接受了。因此，選擇自己喜歡的事，學會放棄，你就會發現生活原來可以如此開心愉快。

是的，人生即選擇。有什麼樣的選擇，就會有什麼樣的人生。各位朋友，你為自己以前的選擇後悔過嗎？不過這已經不重要，後悔不後悔，都已經成了過去時。重要的是每個人都要清楚自己當下的選擇。每個人都應該學會選擇和放棄。

有這樣一則故事：

法國人、美國人和猶太人要被關進監獄三年，監獄長說可以滿足他們每個人一個要求。美國人愛抽雪茄，於是他要了三箱雪茄。

法國人天生浪漫，他便要了一個美麗的女子相伴。而猶太人說，他要一部與外界溝通的電話。就這樣，三個人被送進了監獄。

一晃三年過去了。第一個衝出來的是美國人。他嘴裡鼻孔裡都塞滿了雪茄，大聲喊道：「給我火，給我火！」原來他忘記了要打火機。

接著跑出來的是法國人。只見他手裡抱著一個孩子，美麗女子手裡牽著一個孩子，而肚子裡還懷著第三個孩子。

最後出來的則是猶太人，他緊緊握住監獄長的手，說：「這三年來我每天保持與外界聯繫，我的生意不但沒有停頓，反而增長了百分之兩百，為了表示感謝，我送你一輛勞斯萊斯！」原來在監獄的三年，猶太

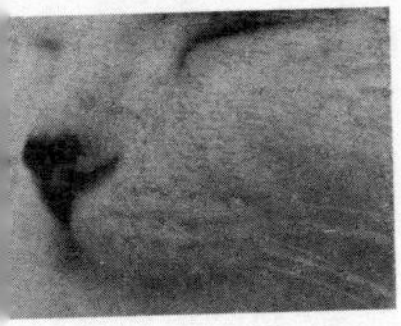

# Chapter 2
# 看淡得失，學會珍惜

人仍然堅持在做他的生意。

這個故事看似荒誕，但是它卻告訴我們一個深刻的人生道理，即什麼樣的選擇決定什麼樣的生活，人生即選擇。

走好人生路，關鍵在選擇。面對生活中的各種選擇，如事業與家庭，金錢與愛情，媚俗與持守……是前進還是後退、是堅持還是放棄、是得到還是失去……人們往往會矛盾，不知所措。因此學會選擇與放棄，往往需要一定的人生智慧。

我們一生中要經歷無數次選擇。正確的選擇可以讓我們把握住時機，造就生命中燦爛輝煌的前程。相反，錯誤的選擇卻可以毀掉生命的夢想而使我們遺憾。選擇的過程是痛苦的。但是即使如此，我們也要大膽地作出選擇。

下面就是一個這樣的例子：

一七四四年八月一日，拉馬克出生於法國畢加底。他們一家人兄弟姊妹十一個，他是其中最小的一個，因此也最受父母寵愛。

拉馬克的父親希望他長大後當個牧師，送他到神學院讀書，後來由於德法戰爭爆發，拉馬克當了兵，他因病退伍後，愛上了氣象學，想自學當個氣象學家，他整天仰首望著多變的天空。後來，拉馬克在銀行裡找到了工作，想當個金融家。

再後來，拉馬克又愛上了音樂，整天拉小提琴，想成為一個音樂家。這時，他的一位哥哥勸他當醫生，拉馬克學醫四年，可是對醫學沒有多大興趣。

正在這時，二十四歲的拉馬克在植物園散步時遇上了法國著名的思想家盧梭。盧梭很喜歡拉馬克，常帶他到自己的研究室裡去。在那裡，這位青年被科學深深地迷住了。他熱愛科學事業，並打算為此奮鬥終生。從此之後，拉馬克花了整整十一年的時間系統研究了植物學。

拉馬克從二十四歲起，用二十六年時間研究植物學，三十五年時間研究動物學，成了一位著名的博物學家。

命運掌握在你的手裡，有所為有所不為，選擇怎樣的生活軌跡全在於你自己。羅曼．羅蘭說：「一隻鳥能選擇一顆樹，而樹不能選擇過往的鳥。」鳥要選擇一棵樹是必然的，選擇哪一棵樹則是偶然的。人的生活就像一棵樹，一般說來，生活不會選擇人，只有人去選擇生活，去適應某種生活方式。

查爾斯·羅勃茲是個猶太富翁，在他致富的過程中也曾有過一段痛苦的經歷。關鍵是，在失敗面前，查爾斯是怎樣做的呢？查爾斯是一個投資顧問。他剛從德克薩斯州到紐約來的時候，身上只有兩萬美元。查爾斯原以為他對股票市場懂得很多，可是最後卻賠得一分也不剩。他說，若是他自己的錢，他可以不在乎，可是他覺得把朋友的錢都賠光了是件很糟糕的事。於是，查爾斯很怕再見到他們。可是沒想到，朋友們對這件事不僅看得很開，而且還樂觀到不可想像的地步。朋友的理解給了他莫大的鼓勵，使查爾斯放開了手腳。

查爾斯開始仔細研究他所犯的錯誤，他下定決心要在再進股票市場之前先學會必要的知識。於是，他和一位最成功的預測專家波頓·卡瑟斯交上了朋友。這位朋友多年來一直非常成功，而查爾斯知道，能有這樣一番事業的人，不可能只靠機遇和運氣，還要憑借自己的實力。

波頓·卡瑟斯告訴查爾斯：在市場上所買的股票，都有一個到此為止的限度，不能再賠的最低標準。例如，若是買五十元一股的股票，這位朋友會馬上規定不能再賠的最低標準是四十五元。也就是說，萬一股票跌價，跌到比買價低五元的時候，就立刻賣出去，這樣就可以把損失只限定在五元之內。這是一個股票交易中最重要的原則。

選擇，對於人生來講非常重要。可惜好多人在明白什麼是正確的選擇時，往往已經太遲了。人生的路上，關鍵是要明白自己想要得到什麼。每個人都要結合自身素質和條件、興趣和特長，去選擇自己的人生目標，走出一條適合自己的人生之路。選擇了一條正確的道路，我們人生的旅途就可以少了許多的煩惱和遺憾。

在現實生活中，如果我們還有選擇的權利和機會的話，就要珍惜這種權利，緊緊抓住這個機會。我們每個人也都要清楚自己的承受能力，如果在我們承受能力之內的，我們要努力做到，但是在我們承受能力之外的，我們不要強求。如果過於追求達不到的東西，反而會失去現在已經擁有的美好的事物。

一個行人在路上又累又渴，他想喝一口水。

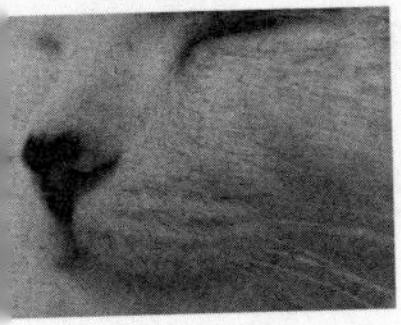

# Chapter 2
# 看淡得失，學會珍惜

佛說：前面有個湖，你只有放下行李，彎下腰去，才能喝到水。

於是，他喝到了水。

行人想要一匹馬。佛說：你只有放下尊嚴才能求得馬。

於是，他騎上了馬。

行人想要一個莊園。佛說：你只有放下人格才能得到莊園。

於是，他得到了莊園。

行人想要一筆財富。佛說：你只有放下青春才能得到財富。

於是，他得到了那筆財富。

行人想要一位美女。佛說：你只有放下幸福才能得到美女。

於是，他得到了那位美女。

行人想成為世界之主。這時他已走到了山巔。

佛說：你只有放下一切才能成為世界之主，現在你只差一步了。

於是，他又向前邁了一步，他去了另外一個世界……

人生如車，承載有度，超負荷行駛，時刻都可能出現危險。人生有限，慾望無限。總感覺自己失去太多，得到太少，總想讓世上所有美好的東西都屬於自己，人生不堪重負，直至最後或抑鬱、或瘋掉、或全部失去。

人活一生，不可能都為，也不會都為。不為所不能，不為之有益。人在一世，終不會無為，更不能無為。為之所能為，為之所益為。所以，人生應有所為，有所不為。

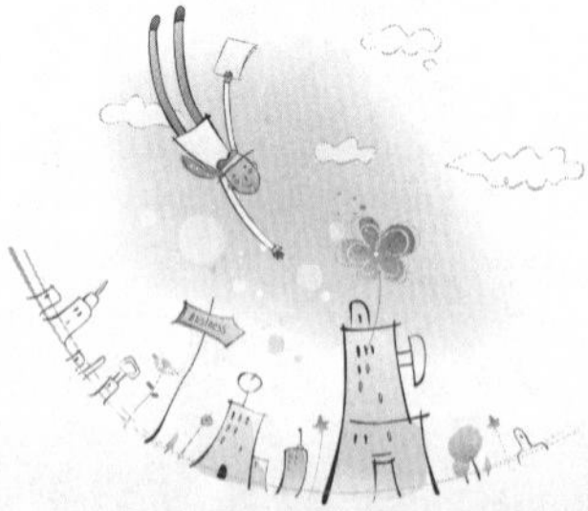

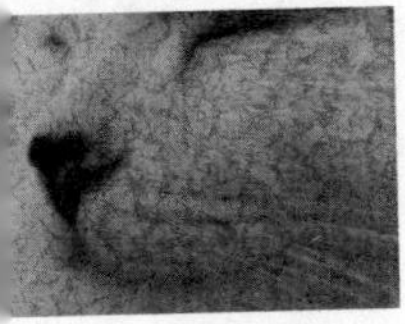



# 03 放棄也是種智慧

一切都是暫時的，一切都會消逝。一切逝去的，都會變成美好的回憶。

——普希金

有些時候，放棄，意味著新的開始。這也是捨得的智慧之一。我們堅持著不肯放手的東西，往往是想要而又得不到東西。與其固執地追求不屬於自己的東西，不如就此放棄，開始一段新的旅程。

有些花我們奢望它不落；有些緣我們奢望它不破；有些人我們奢望不錯過；但花開花必落，緣盡人必散，何況以後的路還如此漫長，當我們被生活壓彎了腰，自己是否想過放棄？進而讓自己活得輕鬆些？在秋天到來的時候，葉子紅了，它們放棄了懸在枝頭的榮耀，紛紛飄落，在冬季款款而來之際，小草淹沒了自己的綠色，埋根於地下，等待來年的春風，因為放棄，它們獲得了重生。

放棄，意味著新的開始。人生有太多的誘惑，不懂放棄的只能在誘惑的漩渦中喪生，人生有太多的欲求，不懂放棄的，只能被慾望牽著鼻子走；人生有太多的無奈，不懂放棄就只能與憂愁相伴。只有放棄，才能迎來另一種輕鬆的開始。

放棄對物慾橫流的追求，打開自己的心窗，尋一片美麗的誘人的沃野，呼吸一下新鮮空氣，沉醉在花香與泥土的芬芳之中，啊，好久沒有這種回歸大地的感覺了，春天已經來了，萬物正在甦醒，放棄其實是一種新的開始！

從小到大，我們都在堅持中成長，受到的教育都是如何堅持、絕不輕言放棄。其實，很多時候，我們更需要學會放棄。站在人生的十字路口上，我們每個人都要面臨很多的選擇。有選擇就有放棄。現實中有很

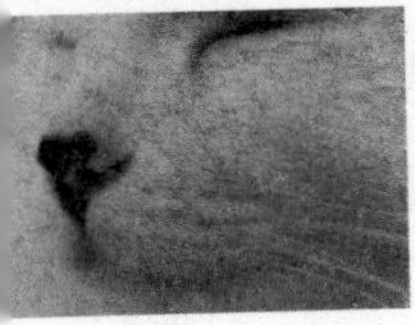



多事情需要我們迎難而上，奮力拚搏，才能取得最後的勝利。但是如果發現目標不對，付出只意味著無謂的犧牲，我們就要選擇放棄。放棄有時也是一種智慧。

歌德說：「生命的全部奧祕，就在於為了生存而放棄生存。」人生就是選擇。放棄是一門選擇的藝術。沒有果敢的放棄，就沒有輝煌的選擇。拿破崙在滑鐵盧戰役中的失敗就是一個這樣的例子。

在滑鐵盧戰役中，大雨造成的泥濘道路使炮兵移動不便。拿破崙不甘心放棄最拿手的炮兵，而如果推遲時間，對方增援部隊有可能先於自己的援軍趕到，那樣後果就不堪設想。然而，在躊躇之間，數小時過去了，對方援軍趕到。結果，戰場形勢迅速扭轉，拿破崙遭到了慘痛的失敗。

拿破崙的失敗足以證明：在人生緊要處，在決定前途和命運的關鍵時刻，我們不能猶豫不決、徘徊彷徨，而必須明於決斷，敢於放棄。

「幾度風雨，幾度春秋，風霜雪雨搏激流。」這就是很多現代人的生活方式。人們變得來去匆匆，為生活而奔波忙碌，被生活弄得心力交瘁。其實如果激流不合適自己，為什麼不放棄呢？選擇還有很多，輕舟蕩漾或者漁舟唱晚一樣是精彩的生活，一樣可以活出美麗的人生。

不要害怕放棄了就會一無所有。放棄當然會有一些疼痛，但那又何妨？在造物主的世界裡，一切永遠是在開始。當我們為狂風過後轟然倒塌的一株老樹發出歎息的時候，也許我們更應該停止悲傷，因為老樹的離去也許是在為它身邊初綻的幼苗騰出空間，一切才剛開始。

放棄不是一種過錯。放棄了轟轟烈烈，你還享有平淡；放棄了激流，你還擁有港灣。魚和熊掌不可兼得。面對生活，我們應該要學會放棄一些東西，今天的捨是為了明天的得。

放棄是一種智慧和豁達，它不盲目也不狹隘。適時，適當的放棄也是一種自知和明智，對心境是一種寬鬆，對心靈是一種滋潤。有選擇，有放棄，這才是完美的人生。

人生也是如此，我們必須學會放棄，進而將時間和精力轉向新的開始，不必計較曾經的榮辱得失。我們應當學會放棄，並且敢於放棄，不要為一點利益斤斤計較，不要害怕選擇。如果害怕選擇，將會失去更多

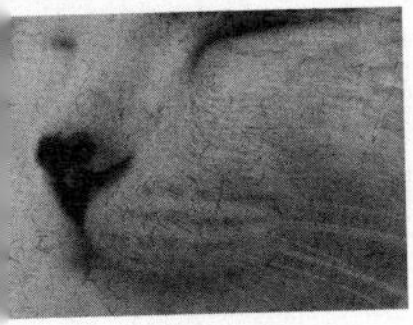



的東西。

有一個禁慾苦行的修道者，準備離開他所住的村莊，到無人居住的山中去隱居修行。臨行前，他只帶了一塊布當衣服，就一個人到山中居住了。

後來，他要洗衣服的時候，他突然發現自己需要另外一塊布來替換，於是他就下山到村莊中，向村民們乞討。村民們都知道他是虔誠的修道者，於是毫不猶豫地就贈給他一塊布。

當這位修道者回到山中之後，他發現他居住的茅屋裡有一隻老鼠，這隻老鼠經常會咬他的那塊布。他是個出家人，要一生遵守不殺生的戒律，因此他不願意去傷害那隻老鼠。但是他又沒有其他的辦法趕走那隻老鼠，所以他回到村莊中，向村民要了一隻貓來飼養。

得到貓後，他又想到貓要吃什麼呢？他並不想讓貓去吃那隻老鼠，但是貓也不能像他那樣只吃一些水果與野菜。無奈之下，於是他又向村民要了一隻乳牛，這樣子那隻貓就可以靠牛奶維生。

但是，在山中居住了一段時間以後，他發覺每天都要花很多的時間來照顧那隻母牛，於是他又回到村莊中，找到了一個可憐的流浪漢，帶他到山中居住，幫他照顧乳牛。

那個流浪漢在山中居住了一段時間之後，他向修道者抱怨說：「我和你不一樣，我需要一個太太，我要正常的家庭生活。」

修道者想一想也是有道理，他不能強迫別人一定要跟他一樣，過著禁慾苦行的生活……這個故事就這樣繼續演變下去，到了後來，整個村莊都被搬到山上去了。

這個故事告訴我們：人的慾望是無窮的，我們也要懂得放棄。那個僧人就是不懂得放棄，才會讓自己的負擔越來越重。因此，在生活中，我們必須學會放棄，學會可以為了一棵樹而放棄整個森林，這也許便是另一種珍惜。未來是不可知的，而對眼前的這一切，我還來得及把握，我還可以在無限中珍惜這些有限的事物！

放棄，意味著新的開始。放棄無奈的等待，放棄無法得到的，放棄不屬於我們的一切。是的，我應該學會放棄。因為放棄，意味著新的開始。

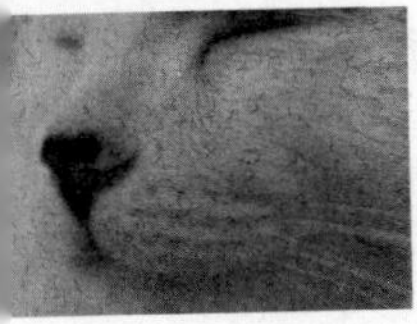

## Chapter 2
# 看淡得失，學會珍惜

世間有太多美好的事物，對不曾擁有的我們一直在苦苦地嚮往與追求。為了獲得而忙忙碌碌，而自己真正所需要的，往往在經歷了許多人情事故後才會明白，甚至窮盡一生仍不知所終。對於已經擁有的美好，卻因為許多得而復失，或患得患失的心理，而存在忐忑與擔心。夕陽易逝的歎息，花開花落的煩惱，人生本來就不快樂。所以我們要學會放棄，讓自己輕鬆一點，快樂一點。

當你放棄一個有緣無份的朋友，當你放棄某種只有投入沒有收穫的感情，當你放棄某種心靈的期盼或思想，這時就會有一種傷感。然而這種傷感並不妨礙你去重新開始。因為放棄不是終點，而是另一個新的起點。在新的時空裡將音樂重新聽一遍，將故事重新講一遍。這是一種自然的告別與放棄，它富有超脫精神，因而傷感得美麗！過了許多年之後，你會發現它已漸漸消逝了。然後才懂：原來握在手裡的，不一定就是我們真正擁有的；我們所擁有的，也不一定就是我們真正銘刻在心的！其實人生很多時候需要自覺的放棄，需要傷感的美。

學會放棄對一個人來說真的是太重要了。生活、學習、工作、情感所帶來的種種壓力已經壓得我們喘不過氣來。朋友，試著放棄一些，你會輕鬆許多；試著放棄一些，你會更勇敢地面對人生；試著放棄一些，人的腰能挺得更直，像一個真正大寫的「人」，昂首於人生苦旅中。

放棄，意味著新的開始。

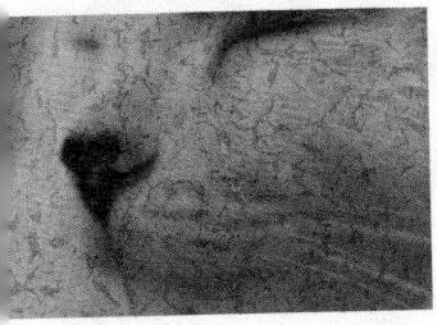

## 04 不要沉浸在昨日的悲傷

幸福沒有明天，也沒有昨天，它不懷念過去，也不嚮往未來；它只有現在。

——屠格涅夫

阿甘說過：「生活簡單一點，在往前跑的時候忘掉昨天，也許明天就是精彩。」過去的已經過去，所有的悲傷都是昨天的過眼雲煙，不要沉浸在昨日的悲傷中，因為明天會更好。

亞倫．山德士先生永遠記得他的生理衛生課老師保爾．布蘭德溫博士給他上的最有價值的一課。

當時，亞倫．山德士先生只有十幾歲，卻經常為很多事發愁，為自己犯過的錯誤自怨自艾。他老是在想自己做過的事，希望當初沒有那麼做；老是在想自己說過的話，希望當時把話說得更好。

一天早晨，亞倫．山德士先生走進科學實驗室，發現保羅．布蘭德溫老師的桌邊放著一瓶牛奶。他不知道這和生理衛生課有什麼關係。突然，老師把那瓶牛奶打翻在水槽中，同時大聲喊道：「不要為打翻的牛奶而哭泣。」

然後，老師把亞倫．山德士先生叫到水槽邊上說，好好看看，永遠記住這一課。牛奶已經漏光了。無論你怎麼著急，如何抱怨，也不能救回一滴了。我們接下來能做到的就是汲取這次的教訓，去準備做好下一件事情。

對於聰明人來說，他們從來不會為打翻的牛奶哭泣，他們也永遠不會坐在那裡，為自己的錯誤而悲傷，相反，他們會很高興地找辦法來彌補過錯，他們會想盡一切辦法把損失降低到最小。

喬爾和姑父住在一個抵押出去的農莊上。那裡土質很差，灌溉不良、

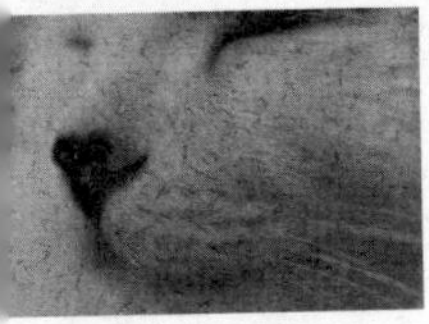



收成又不好，所以他們的日子過得很困苦，每分錢都要節省著用。可是，姑媽卻喜歡買一些窗簾和其他小東西來裝飾家裡，為此她常向一家小雜貨鋪賒帳。喬爾姑父很注重信譽，不願意欠債，所以他悄悄告訴雜貨店老闆，不要再讓他妻子賒帳買東西。姑媽知道後，大發脾氣。

這事至今差不多有五十年了，她還在發脾氣。喬爾曾經不止一次聽她說這件事。最後一次見到她時，她已經快八十歲了。可是，她依舊還在抱怨這件事情。

喬爾對她說：「姑媽，姑父這樣做確實是不對。可是您都已經埋怨了半個世紀了，這不是比他所做的事還要糟糕嗎？」

瑣碎的日常生活中，諸如撞碎油瓶、打翻牛奶的事在所難免，但總有人一味沉溺在已經發生的事情中，不停地抱怨，不斷地自責，這樣一來，將自己的心境弄得越來越沮喪。

看到眼前困境而只知道抱怨的人，注定會活在迷離混沌的狀態中，看不見前頭亮著一片明朗的天空。他之所以這樣，是因為經歷的磨煉太少。正如俗語說的一樣：「天不晴是因為雨沒下透，下透了，也就晴了。」

塵世之間，變數太多，就像手中的油瓶剎那間被石頭撞碎，牛奶突然之間被打翻了一樣，事情一旦發生，絕非一個人的心境所能改變。道理明明白白：傷神無濟於事，鬱悶無濟於事，一門心思朝著目標走，才是最好的選擇。

無法忘記過去的人，常常會連今天也失去；沉迷於昨日的人，很可能也會錯過當下與未來。活在昨天裡的人不願意面對今天和各種變化，當今天發生新變化時，他就會茫然不知所措，變得煩躁不安。

時光的流逝永不停息，我們應該學會忘記過去的遺憾，過去的傷痛，因為人生不僅只有苦痛，更多美好的事在等著我們。不要沉浸在昨日的悲傷中，因為過去只是一個虛無飄渺的夢，終歸要醒來，未來是一個真真實實的希望，需要我們理性的思考，並為之奮鬥。

忘記昨天——那個曾經使自己悲涼悵惘的昨天。生活中，我們的確應該記住某些事，但我們更應該學會忘記某些事。「人生不如意事常十之八九」，這是我們在日常生活中遇到挫折時常發的感慨。的確，縱觀

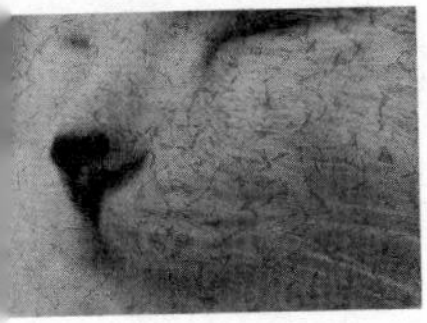

## Chapter 2
# 看淡得失，學會珍惜

芸芸眾生，有誰能一生都活得春風得意，一帆風順？沒有！美好世界背後總有殘缺，命運就如一葉顛簸於海上的舟，時刻會遭受波濤無情的襲擊。「萬事如意」只不過是美好的祝福而已，在活生生的現實面前它顯得總是如此蒼白無力。因此，我們應學會忘記，忘記過去生活中不如意事帶給我們的陰影。

生活是一個萬花筒，內容五花八門，紛繁複雜。誰能奢望一覽無餘？因此，我們應該學會忘記。忘記過去的成敗得失，以飽滿的精神，愉快的心情，坦然的心境致力於今天的事業。社會日新月異地變化，對我們事業的要求必然也水漲船高，如果我們總是沾沾自喜於過去的勞苦功高，必然成為時代潮流的被淘汰者。傳說遠古時有一個人問上蒼：「為什麼會有白天和黑夜之分」，上蒼回答：「為了讓人們有一個忘記煩惱和痛苦的機會，有個充滿希望的開始啊」。

讓我們忘記昨天的煩惱和不幸，把握今天的機遇。去擁抱明天的生活吧，你就會發現，明天的太陽依舊絢爛，空氣依然清新，生活依然是那麼美好！

# 05 人生貴在珍惜

人的一生只是一剎那，所以我們要珍惜它，在世上一天就要過好一天，切莫虛度了年華。

——里克特

人生貴在珍惜，不為得失所擾。人生總是在得失之間徘徊，無論取得多麼大的成功，所收穫的都是快樂與喜悅，但為之而失去的卻是我們從來沒有認真去思考過的。人生就這樣在得與失之間交錯，所剩下的只有感慨了。

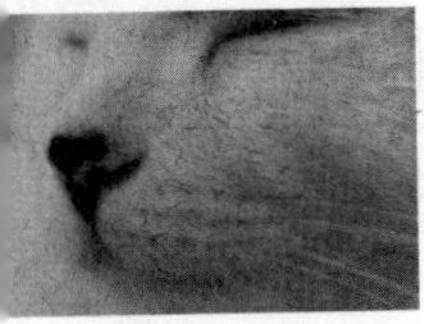

# Chapter 2
# 看淡得失，學會珍惜

有得就有失，當人得到了他所想要的一切，為之而失去的卻是他看不到或不想看到的東西，青春年華早已逝去，望著萬貫家產再也找不回當初的寧靜與祥和，自己又得到了什麼呢？只不過是那可憐的虛榮心吧。同樣的道理，我們每得到一件事物，就會為之失去相等的東西，有了愛就有了責任有了牽掛，卻失去了那份自由和平靜，在你擁有它的時候你無形中也被它佔有了，事事如此沒有例外。

我們在不斷獲取的同時也在不停地失去，生活就是如此，有得有失，沒有人去衡量得失是否平衡，歲月就這樣慢慢地劃過去，劃過去。

人生貴在珍惜，不為得失所擾。得與失互為因果，有失必有得，有得必失。失與得是事物存在的兩個狀態。它們真實、客觀地存在著，因此，不要因一時得失而做出草率的決斷。

人的一生總是在得與失之間輪迴，在這方面失去就會在那方面得到。大詩人彌爾頓最傑出的詩作是在他雙目失明後完成的；音樂家貝多芬最傑出的樂章是在他聽力失聰後完成的；中國著名的作家張海迪許多譯注和作品是在她高位截癱後在輪椅上完成的……事物的轉換總是這樣，在他擁有時就有一份好心情，在他欲罷不能時，就失去了往日的那份好心情。這正如佛經所說：失就是得，得就是失。

人，年輕的時候，不懂得；中年的時候，捨不得失；只有到了暮年，才知道有些東西，當你完全擁有時，才覺索然無味；有些東西，當你永遠失去時，方知珍貴無比。

人，從最初的得（生）到最終的失（死），是那麼短暫，要來的阻擋不了，要去的終究挽不住。在這得失之間，只要你耕耘過、播種過、澆灌過，收穫多少不是成敗的唯一的標準，重要的是藏在細枝末節裡那種使你痛、使你恨、使你愛、使你終身難忘的一次次痛心疾首、刻骨銘心的經歷。

人生貴在珍惜，不為得失所擾。得失只是生活上的小插曲，如果把得失看成兩個點，也是兩個結果。這兩個結果對於不同的人有不同的態度。

有人佔了個小便宜而沾沾自喜，而被佔便宜的人卻鬱鬱不樂。這兩種人只能站在得失那兩個點上，目光在自己的身邊打轉。若把這兩個點

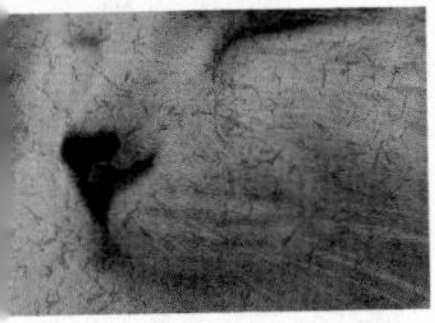

# Chapter 2
# 看淡得失，學會珍惜

連接起來並向外延伸，變成為一條線。當我們的目光在那條線上移動時，我們會發現，其實得失並不是兩個極端，而是同一物質的兩個不同表象。生活上有些人利用友情去取得利益，雖然目的達到了卻永遠失去了那份可貴的友誼。要正確對待得失，須站在零點上——得失的平衡點，這樣心態才會平穩，才會走得輕鬆從容。如果偏向得或失，腳下路雖平，步伐亦坎坷。就像在挑水時，不管扁擔偏向哪一邊，都會讓人氣喘吁吁。

有這樣一個故事，說明人們應該學會珍惜，而看淡得失。

有一個阿拉伯的富翁，在一次大生意中虧光了所有的錢、並且欠下了債。他賣掉房子、汽車，還清債務。此刻，他孤獨一人，無兒無女，窮困潦倒，唯有一隻心愛的獵狗和一本書與他相依為命，相依相隨。

在一個大雪紛飛的夜晚，他來到一座荒僻的村莊，找到一個避風的茅棚。他看到裡面有一盞油燈，於是用身上僅存的一根火柴點燃了油燈，拿出書來準備讀書。但是一陣風忽然把燈吹熄了，四周立刻漆黑一片。

這位孤獨的老人陷入了黑暗之中，對人生感到痛徹的絕望，他甚至想到要結束自己的生命。但是，站在身邊的獵狗給了他一絲慰籍，他無奈地歎了一口氣沉沉睡去。

第二天醒來，他發現心愛的獵狗也被人殺死在門外。撫摸著這隻相依為命的獵狗，他決定要結束自己的生命，因為世間再沒有什麼值得留戀的了。於是，他最後掃視了一眼周圍的一切。這時，他發現整個村莊都沉寂在一片可怕的寂靜之中，他不由急步向前。啊，太可怕了，屍體，到處是屍體，一片狼藉。顯然，這個村昨夜遭到了匪徒的洗劫，整個村莊一個活口也沒留下來。

看到這可怕的場面，老人不由心念急轉，啊！我是這裡唯一倖存的人，我一定要堅強地活下去。此時，一輪紅日冉冉升起，照得四週一片光亮，老人欣慰地想，我是這個世界裡唯一的倖存者，我沒有理由不珍惜自己。雖然我失去了心愛的獵狗，但是，我得到了生命，這才是人生最寶貴的。老人懷著堅定的信念，迎著燦爛的太陽出發了。

人生由一連串的失與得編織而成，有得有失，有失有得。因此，只有看淡得失，才能領悟生命的真諦，從而學會珍惜。

人生得失總是零，關鍵在於珍惜。這個世界上所有的事情，總是有

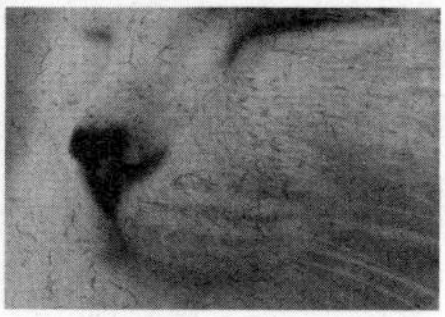

Chapter 2

# 看淡得失，學會珍惜

一得必有一失。愛情能夠給你歡樂，但它同時也給你痛苦；財富可以給你享受，但它也會帶來苦惱；成功使你快樂，但是當失敗之後痛苦將變得強烈而無法忍受。

如果你期待某件東西，而你得到了，那是一種快樂。然而相對地，當你失去的時候也會感受到等量的悲傷。得到時是八分快樂，失去時也會有八分的痛苦，那個總數幾乎是一樣的。

有人得到了財富，卻可能失去了健康、家庭或感情；而有人在事業和成就少了三分，但在生活品質、身體健康或時間自由方面多得到三分。有些東西看似不公，如果你細想下去，其實是公平的。

有人認為有錢人會比較快樂，其實不見得，一個窮人用幾百塊就能得到的快樂，等到他有錢後，可能要花幾萬塊，甚至幾十萬才能得到同等的快樂。

人生的天平總是伴隨著得失一起一落，讓左右的托盤總是那樣完美地平衡著。得與失，在時間的沙漏中來來回回，激盪著生命的火花，演繹著一出出人生的悲喜劇。世界永遠是公平的，無得便無失，無失也無得。

人生在世，總要面臨多種選擇，取捨往往亂人心扉，令人難以抉擇。早在兩千年前，孟子說過這樣的話：「魚，我所欲也，熊掌，亦我所欲也，二者不可得兼，捨魚取熊掌者也；生，我所欲也，義，亦我所欲也，二者不可得兼，捨生取義者也。」這正是從取捨的角度闡釋了只有做到捨棄，才能夠有所收穫的道理。

人生貴在珍惜，不為得失所擾。當你贏得整個世界，卻可能失去最珍貴的東西。

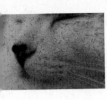

# 06 智者懂得退讓

謙退，是保身第一法；安祥，是處事第一法。涵養，是待人第一法；灑脫，是養心第一法。

——《格言聯璧》

退一步海闊天空，智者不爭，因為他們深諳捨得智慧，懂得退讓的道理。世界上許多的悲劇，都是因為人與人之間不肯退讓而造成的。

然而很多人與人之間的矛盾，其實大部分都是「小事」，並沒大到「生死攸關」的地步，有時候甚至只是一些細枝末節不同罷了。每個人都有優點與缺點，所以應當以己心來忖他心，如果換成我是他，會如何如何。這樣與人相處時，就能夠看到對方的好，而一些小小的不如意，就會忍一忍、讓一讓了。

宋代高僧慈受禪師《退步》詩云：「萬事無如退步人，摩頭至踵自觀身，只因吹滅心頭火，不見從前肚裡嗔。」這首詩的大意是勸世人在受到別人傷害或吃虧的時候，不要立刻就發火或心生報復，而是反觀自身，想想這件事因何而起，自己有沒有過錯，如果發怒，之後會有什麼結果，若不生氣又會有什麼結果，這樣孰是孰非就很清楚，怒火也就自然慢慢消退，相互之間的矛盾就不再那麼尖銳了。

一旦能夠心平氣和地面對現實，自然就可以找出化解矛盾的方法，一場可能發生的爭吵或災難，就這樣無聲無息地大事化小，小事化無了。

五代後梁高僧契此，俗稱布袋和尚，他曾經作過這樣一首偈子：「手把青苗插滿田，低頭便見水中天。六根清淨方為道，退步原來是向前。」初讀這首禪偈，一時迷惑於後兩句的涵義，前兩句我想只要是見過農人耕田或者親自插秧的人，一定能體會到禪偈中的意境。但如何做到「六

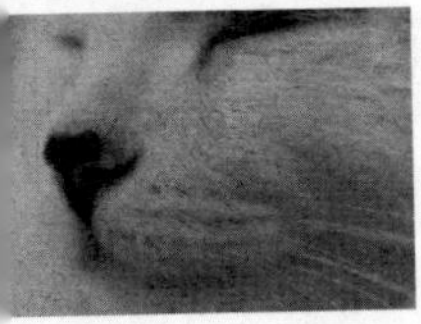

## Chapter 2
# 看淡得失，學會珍惜

根清淨方為道」？何謂「退步原來是向前」呢？清淨，不只是物外的安靜、清徹，更是自己的內心乾淨。「退步」一般人認為是失敗、不成功，才會向後退，但你何不換個角度看世界？此詩句借插秧時以「退」為「進」，暗指為人處世，處處謙讓忍受，行「退一步」之法，就在求道的路途上，向前邁進多了。

「向前一步是黃昏，退後一步是人生……」這是一首任賢齊的老歌《傷心太平洋》中的歌詞。任賢齊在歌中唱的好像是愛情，但聽起來卻覺得是在唱人生。人生，若能積極前進，固然很好，但是能夠懂得回頭的空間卻顯得更重要。平常在我們活動的空間裡，大家只知道向前行走，而不知道還有一個退後回頭的空間。其實，「人生有兩個方向世界：一個是前進的世界，一個是回頭的世界。如果你能夠同時把握這兩個世界，人生便能臻於完美。」一位哲人曾這樣指示著我們。

「退一步海闊天空」，用在鄰里關係、朋友相處上，也是大有裨益的。《寓圃雜記》中記述了楊翥的兩件事：楊的鄰居丟了一隻雞，指罵是姓楊的偷去了。

家人告訴楊翥，楊說：又不是我一家姓楊，隨他罵去！

又一鄰居，每逢雨天，便將自家院子裡的積水排放到楊翥院中。家人告知楊翥，他卻勸解家人：總是晴天的日子多，落雨的日子少。

久而久之，鄰居們被楊翥的忍讓所感動。有一年，一夥賊人密謀搶劫楊家，鄰居們主動幫楊家守夜，使楊家免去了這場災禍。

《菜根譚》有語云：「人情反覆，世路崎嶇。行不去處，須知退一步之法；行得去處，務需讓三分之功。」大意是說，世間人情冷暖變化無常，人生的路也是崎嶇不平，不如意的事情時常伴隨在身邊。因此當你遇到困難或前路行不通的時候，必須要明白退一步的為人之道；即使你的事業和生活都處在順境中，沒什麼阻礙的時候，也不要得意忘形，應隨時保持讓人三分的胸襟和美德。

此中所說的退和讓，是讓人要有一份接納的胸懷，如同大海，能夠接受大大小小的支流，不計前嫌地以博大的胸懷來包容一切。只有懂得退、讓之道的人，才具有非凡的氣度和成熟的思想。

韓信是中國歷史上著名的軍事家和戰略家，身材魁梧，風度翩翩，

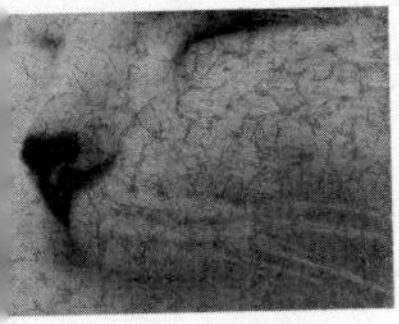



與蕭何、張良合稱為漢興三傑。韓信出生於平民百姓之家，他性格豪爽、不拘小節。韓信由於未能謀得一官半職，只能依靠下邳鄉亭長的施捨勉強度日，街坊鄰居都看不起他。但韓信並不在乎人們對他的看法，他胸懷大志，深諳兵法謀略，一心想要成就一番大事。他無論到哪裡，身上總是佩戴著刀劍，一次他在淮陰城裡碰到了幾個流氓，他們各個身材魁梧，長相十分凶悍，當地人都不敢招惹他們。

流氓看到了韓信，其中一人認識他，便想要當眾侮辱韓信。他輕蔑地說道：「你是一個懦夫，靠人施捨度日，你只是徒有其表而已。」

韓信並不想招惹他們，裝作沒聽見繼續向前走去。沒想到這個人不依不饒，繼續說道：「你果真是個膽小鬼，你要是想要從這裡過去，就得從我的褲襠下鑽過去；要麼你就拔劍跟我比試比試。」

韓信受到如此的羞辱，並沒有失去理智，由於韓信熟讀兵書，深知小不忍則亂大謀的道理，他毅然從那個流氓的胯下爬了過去。集市上的人們看見了，都嘲笑他是個懦夫，但韓信知道要想成就一番偉業，絕不能被這等小事所羈絆，他並不在乎人們的嘲笑，揚長而去。

若干年後，韓信終於實現了自己的願望，官拜大將。一次，他回到鄉里，正巧看到了曾經侮辱他的那幾個流氓，這時幾個流氓已經被嚇得魂飛魄散，紛紛跪地求饒。韓信並沒有懲罰他們，而是將他們招入麾下，這使得幾個流氓感激不盡。

退一步海闊天空，智者懂得退讓之道。人情無常，世路崎嶇。人生在世，臨事讓人一步，自有餘地；臨財放寬一分，自有餘味。退一步是前進中的曲折，退一步是過程而不是目的。只要你能夠退一步，勇於退一步，樂於退一步。退中取進，退中思索，退中悟道。行不去處，須知退一步之法；行得去處，務加讓三分之功。

閉門時沏一壺清茶，品一品布塵的心境，若鏡、似水；獨處時灑一縷清香，淨一淨塵霜的面容，醉神、靜心；靜思時掬一抹書香，濾一濾浮躁的人世，如冰、若禪。

笑看人生，學會寬容。忍一時風平浪靜，退一步海闊天空！願每個人都能成為生活中的智者，悟出捨得的智慧，懂得退讓的道理。

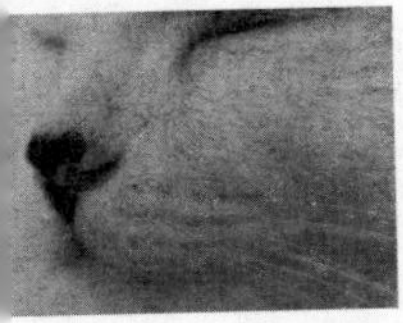



# 07 成功者最懂得「捨得」

將欲取之，必先予之。

——《道德經》

《道德經》中寫道：將欲取之，必先予之。大意是想要得到它，必須暫時付出。這一思想也在古今中外得到了廣泛應用：從中國古代的智伯分馬，到現代企業生產經營，再到個人職業生涯發展，若沒有付出，也就不會收穫。

「欲將取之，必先予之」，只有勇於捨棄我們命運裡的一些磚瓦，我們才能得到一塊塊屬於自己人生的美玉——拋捨我們生活裡的磚，得到我們人生的玉，這既可以鍍亮我們的人生，也是人們成功路上的必修功課。

某作家寫了一本小說，找了許多家出版社都被退稿，理由不外是認為此書發行量不大，出版後會虧損。但作家對自己書稿市場前景深信不疑，無奈在看不到市場銷售情況之前無法說服出版社的老總。於是，他採用退一步的方法，與出版社簽訂協議，大意是：自己先墊付三萬元作風險金，出版後如果市場銷售不好，三萬元就支付成本了；如果銷售超過了一萬冊，三萬元退回。

該書出版後果然暢銷，作家不但收回了墊付的三萬元保證金，還獲得了可觀的稿費及風險利潤提成。

成功者最懂得「捨得」兩個字的真正含義。「捨得」這兩個字幾乎囊括了人生所有的真理。人生一世，草木一秋，日常生活中的很多事情，都是捨與德的排列組合。有捨才能有得，要想取之，必先與之，說的都是這個道理。每當有些東西和事情困擾身心時，要想到有捨才有得，你的心靈就會自然而然地獲得平靜和安寧。

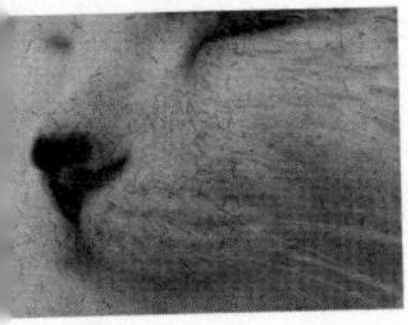



世界上最有名的營銷專家——喬伊．吉拉德被譽為「世界上最偉大的推銷員」。在商業推銷史上，他獨創了一個巧妙的促銷法，為世人廣為傳誦。

吉拉德創造的促銷法叫做「放長線釣大魚」。吉拉德認為所有已經認識的人都是自己潛在的客戶，對這些潛在的客戶，他每年會要寄上十二封廣告信函，每封均以不同的色彩和形式投遞，並且在信封上避免使用與他的行業相關的名稱。

一月份，他的信函上是一幅精美的喜慶氣氛圖案，同時配以幾個大字「恭賀新禧」，下面有個簡單的署名：「雪佛蘭轎車，喬伊．吉拉德敬上。」

除此以外，再無多餘的話。即使遇上大拍賣期間，也絕口不提買賣。照例，二月份，信函上寫的是：「請您享受快樂的情人節。」下面仍是簡短的簽名。三月份，信中寫的是：「祝您聖巴特利庫節快樂！」聖巴特利庫節是愛爾蘭人的節日。也許你是波蘭人，或是捷克人，但這無關緊要，關鍵的是他不忘向你表示祝願……每個月份吉拉德都會以公司的名義送上對大家的問候。

這些卡片雖小，但是它們卻起著非同小可的作用。不少客戶一到節日，往往會問他們的夫人：「過節有沒有人來信？」「有，喬伊．吉拉德又寄來一張卡片！」

這樣一來，每年中就有十二次機會使喬伊．吉拉德的名字在愉悅的氣氛中來到每個家庭。

喬伊．吉拉德雖然沒有說一句話：「請你們買我的汽車吧！」但這種不講推銷的推銷，卻反而給人們留下了最深刻、最美好的印象。當然，他們要買汽車的時候，往往第一個想到的就會是喬伊．吉拉德。這種「將欲取之，必先予之」的推銷手段為吉拉德贏得了市場。

從上面的例子可以看出，在市場營銷中，有時商人為了獲取更大的利潤，不得不付出一些代價以吸引顧客。

例如，在商業經營中通過先贈送一些小東西，或者附帶送點小東西來贏得客戶，也是利用的上面的原理。這種經營手法如同釣魚，要先捨出一些餌料。這種做法不但在商業上起這種重要作用，在我們的日常生

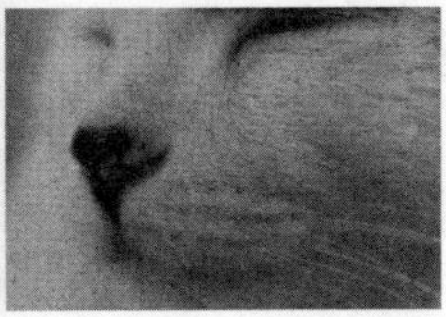



活中也起著重要作用。

將欲取之，必先予之。捨而後得，是自然的辯證法，也是生活的辯證法，捨得之妙，妙在這是一門生活的藝術。

生活充滿了捨與得的選擇，取捨往往亂人心扉難以抉擇，我們也在選擇中逐漸成熟。學問要有取捨，生意要有取捨，情感要有取捨，實現人生價值更要有取捨。正如孟子所說：魚，我所欲也；熊掌，亦我所欲也。二者不可兼得，捨魚而取熊掌者也。

王昭君捨棄了錦衣玉食，得到了一時太平與後世讚美；李白捨棄了富貴，而留住了「安能摧眉折腰事權貴，使我不得開心顏」的傲骨……捨與得之間蘊藏著不同的機會，真正有智慧的人就能夠「捨」，而有時不「捨」便會「失」，即使有得，也是得不償失。

智者懂得捨與得。人生不只是追求，還有捨棄；年輕時，不僅僅要學會得到時的謙遜，還有捨棄時的達觀。只有品嚐了酸甜苦辣之後，我們才懂得人生的甘甜；只有經歷了風風雨雨之後，我們才會迎來人生的彩虹。

「得」的快樂往往與「捨」的痛苦相隨，成功的選擇來源於明智的捨棄，捨棄之花永遠綻放著理智的美麗。懂得捨棄與失去，人生才會更加美麗。

將欲取之，必先予之。只有深諳捨得智慧的人才能明白其中的道理。佛教中，捨即是得，得即是捨；道教中，捨是無為，得是有為；儒家曰，捨惡以得仁，捨欲以得聖；而在今人的眼裡，捨是付出，是投入，得是收穫，是回報。捨得是一種大智慧：孰捨孰得，是大智慧者，在洞悉了大勢所趨後的智慧抉擇。

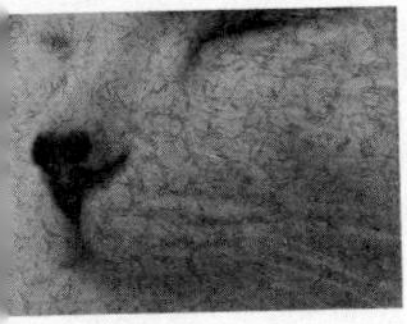



# 08 不妨活得輕鬆一些

生命短促，何必自尋煩惱。

——尼采

天下本無事，庸人自擾之。這話出自《新唐書．陸象先傳》：「天下本無事，庸人擾之為煩耳。」說的是本來沒有事，自己瞎著急或自找麻煩。

然而，現實生活中，很多人在生活中、工作中，往往自尋煩惱，苦不堪言。看到身邊人陞遷了，賺錢了，自己就難受，不願意看到對方。心想自己也不錯呀，很多地方還比他強，我怎麼就不陞遷呢，我怎麼就得不到賺錢的機會呢？到頭來，用別人的錯誤懲罰自己，別人說的話不愛聽，就把耳朵堵上，何苦難受呢？別人是得到發洩了，你卻無比痛苦，這就是人生的苦難的癥結所在。

讓我們看看下面這個故事：

飛機正在白雲之上翱翔。機艙內，空姐微笑著給乘客送餐。中年人細細地品嚐美食，而鄰座的年輕人卻愁眉苦臉地望著窗外的天空。

中年人頗為好奇地問：「小伙子，怎麼不吃點？這伙食不錯，味道也不錯。」

年輕人慢慢地轉過頭，不無尷尬地說：「謝謝，您慢用，我沒胃口。」

中年人仍熱情地搭訕：「年紀輕輕的怎麼會沒胃口？是不是遇到什麼不開心的事啦？」

面對中年人熱心的詢問，年輕人有些無奈：「遇到點麻煩事，心情不太好，但願不會破壞了您的好胃口。」

中年人非但不生氣，反倒更熱心了：「如果不介意，說來聽聽，或

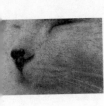

許我還能給你排憂解難。」

年輕人看了看錶，還有一個多小時才能到目的地，那就聊聊吧。

年輕人說：「昨夜接到女朋友電話，說有急事要和我談談。問她有什麼事，女朋友表示見了面再說。」

中年人聽後笑了：「這有什麼好煩惱的呀？見了面不就全清楚了嗎？」

年輕人說：「她從來沒這麼和我說過話。要麼是出了什麼大事，要麼就是有什麼變故，也許是想和我分手，所以電話裡不便談。」

中年人笑出聲：「你小小年紀，想法可不少。也許沒那麼複雜，是你想得太多。」

年輕人歎道：「我昨天整個晚上都沒闔眼，總有一種不祥的預感。唉，你是沒身臨其境，哪能體會我此刻的心情。你要是遇到麻煩，就不會這樣開心啦。」

中年人依然在笑：「你怎麼知道我沒遇到麻煩事？也許你的判斷不夠準確。」說著，中年人拿出一份合約，「我是準備去美國打官司的，我們公司遇到前所未有的大麻煩，還不知能不能勝訴。」

年輕人疑惑地問：「您好像一點都不著急。」

中年人回答：「說不著急是假的，但是急又有什麼用呢？到了之後再說，誰也不知道對方會耍什麼花樣。可能我們會贏，也可能一敗塗地。」

年輕人不禁有點佩服起眼前這位儒雅的紳士來。

到達了目的地時，中年人臨別給了年輕人一張名片，表示有時間可以彼此聯繫。

幾天後，年輕人打了電話給對方：「謝謝您，張董事長！如您所料，沒有任何麻煩。我女朋友只是想見見我，才出此下策。您的官司打得怎麼樣？」

張董事長笑聲爽朗：「和你一樣，沒什麼大麻煩。對方已撤訴，我們和平解決。小伙子，我沒說錯吧，很多事情面對了再說，提前煩惱無濟於事。」

年輕人由衷地佩服這位樂觀豁達的董事長。

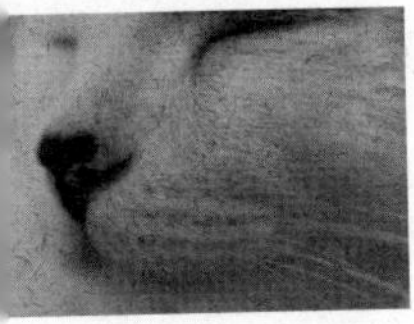

Chapter 2

# 看淡得失，學會珍惜

天下本無事，庸人自擾之。生活中，很多人往往會自尋煩惱，自己給自己套上枷鎖，因此搞得自己疲憊不堪。我們應該學會解除這些煩惱，給自己減壓，從而活得輕鬆、快樂，其實，生活中出現的煩惱多是源於心理問題，想得太多、心思過重。

生活的壓力已經很大了，又何苦自尋煩惱呢？不妨活得輕鬆一些，讓自己更快樂。天下本無事庸人自擾之，我們的煩惱有時不是源於外界的人或事，而是因為庸人自擾，只是大多數時候我們沒有察覺罷了。看看美國心理治療專家列出的一些例子，如果你曾經或正在經歷以下心態，就可能是在自尋煩惱。

## 一、消極地看待人生

只看到事物的消極面，而看不到其積極因素。凡事總往壞處想，悲觀厭世。總是記著自己受到過多少不公正待遇；記著有多少次別人對你說話的態度不友善。老把注意力集中在那些不好的、吃虧的事上，你就會習慣性地運用消極思維來給自己製造煩惱。

**二、心中總會出現一些不切實際的幻想**

做事時總是抱著不切實際的幻想，不能扎根現實，這樣的人最痛苦也最煩惱。

**三、經常用挑剔的眼光看待他人**

對別人不屑一顧，習慣性把別人看得低自己一等，認為別人淺薄，不值得交往。你在貶損別人的同時，也被別人拒之門外。

**四、批評多於讚美**

很少或絕不去讚美別人，不使用任何鼓勵之辭；喋喋不休地批評、挑刺、埋怨、小題大做。這是製造隔閡、自尋煩惱的「妙法」。

**五、把責任都攬到自己身上**

經常把責任攬到自己身上，過不了多久，你就會憂鬱成疾。

# Chapter 3

# 智慧生活，快樂生活

生活：生下來，活著。幸福就在我們身邊，點點滴滴，快樂且溫馨。簡單生活，智慧生活，快樂生活，一切美好都蘊藏在生活中，只待我們去探索與發現。

# 01 夢想是懸在夜空的一盞明燈

只要我們能夢想的，我們就能實現。
——佚名

夢想在空中飄，讓夢想永遠飛翔，讓它引領你走向成功。偉大的成功皆源於夢想，從現在開始，大膽夢想吧，在夢想的指引下尋找人生的意義，實現偉大的成功。

人的一生會有一個大的夢想，人需要夢想，夢想產生動力，因為有了光明的夢想，愛迪生發明了電燈；因為有了探索宇宙的夢想，加加林成為第一個從太空看到地球的人。

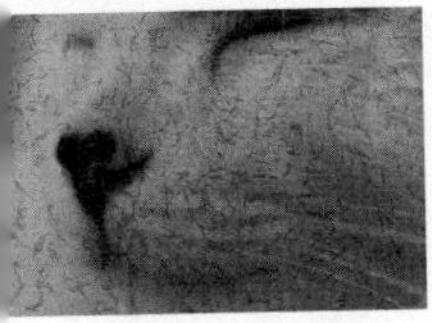

Chapter 3

# 智慧生活，快樂生活

比爾．蓋茲有一個人人皆知的夢想：在將來在每一個家庭的每張桌子上都有台個人電腦，而電腦中運行的則是自己開發的軟體。正因為在這一偉大夢想的催生下，微軟公司誕生了，也正是在這個公司的影響下，軟體從無到有，發展到了今天。成功從夢想開始。

夢想如懸在夜空的一盞明燈，引導他們一站一站地往前趕；如深埋在心間的一粒種子，一直在渴盼著有一天能生根發芽；如一句偈語、一個暗示、一種宿命，催促他加快腳步，向夢想靠近、靠近……而正是這些人，這些不甘平庸、不知疲倦的追夢人，以他們的奮鬥，極大地推動了人類的文明發展史。

詹姆斯．E．艾倫說：「最偉大的成就在最初的時候曾經是一個夢，像樹沉睡在果殼，小鳥在蛋裡等待，夢想是現實的情侶。」心中懷有夢想的人，總有一天會夢想成真。

哥白尼夢想世界的多重性和一個更廣闊的宇宙，他揭示了宇宙的奧祕；哥倫布夢想著另一個世界，他發現了新大陸……讓夢想永遠飛翔，生活就將充滿激情。

沒有和煦的陽光，禾苗就要枯黃；沒有崇高的夢想，青春就暗淡無光，沒有遠大的志向，生命就空虛荒涼。夢想是青春的翅膀，帶領你向美好的未來飛翔；夢想是生命的陽光，照耀你的一生閃耀光芒；夢想是生活的雙槳，推動你駛向美好的前方。夢想從現實的沃土裡發芽，在血液的澆灌下長大；在風吹雨打中含苞，在春光明媚中開花；在光輝事業裡結果，在美好的未來發揚光大。

夢想是人生奮鬥的燈塔，什麼時候樹立了夢想，什麼時候就開始了真正的人生。如果人生是一部樂曲，夢想就是這部樂曲的主旋律。夢想——一串跳動的音符，奏響了我們心中青春的樂章。

很久以前，曾經有三隻小鳥，牠們一起出生，一起長大，等到羽翼豐滿的時候，又一起從巢裡飛出去，一起尋找成家立業的位置。

牠們飛過了很多高山、河流和叢林，飛到一座小山上。

一隻小鳥落到一棵樹上說：「這裡真好，真高。你們看，那成群的雞鴨牛羊，甚至大名鼎鼎的千里馬都在羨慕地向我仰望呢。能夠生活在這裡，我們應該滿足了。」牠決定在這裡停留，不再飛走了。

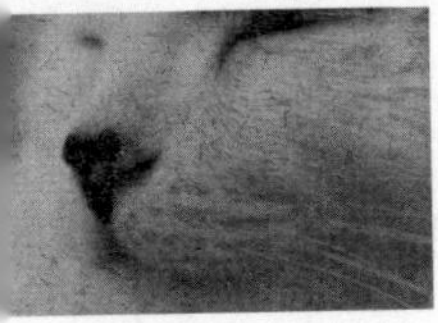

Chapter 3
## 智慧生活，快樂生活

另兩隻小鳥卻失望地搖了搖頭說：「你既然滿足，就留在這裡吧，我們還想到更高的地方去看看。」

這兩隻小鳥繼續了飛行的旅程，牠們的翅膀變得更強壯了，終於飛到了五彩斑斕的雲彩裡。

其中一隻陶醉了，情不自禁地引吭高歌起來，牠沾沾自喜地說：「我不想再飛了，這輩子能飛上雲端，便是偉大的成就了，你不覺得已經十分了不起了嗎？」

另一隻很難過地說：「不，我堅信一定還有更高的境界。遺憾的是，現在我只能獨自去追求了。」

說完，牠振翅翱翔，向著九霄，向著太陽，執著地飛去……最後，落在樹上的成了麻雀，留在雲端的成了大雁，飛向太陽的成了雄鷹。

不同的夢想決定了不同的人生位置，生活就是這樣。

為了我們將來能放歌於山巔，現在，就請設定你的夢想，揚起你人生的風帆吧。一個人成就事業的過程，道理與鳥的飛翔是一樣的。過去怎麼樣，現在怎麼樣，都不重要，重要的是將來想要獲得什麼成就。沒有夢想的人，不可能有大的成功。

蝴蝶因破繭而出才美麗，流星因流過天際才燦爛，人生因有夢想才不平凡，因實現夢想而顯得偉大！

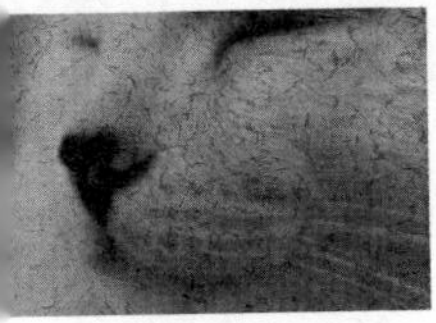

## 02 希望是人生的最大資產

希望貫穿一切，臨死也不會拋棄我們。

——波普

希望是人生最大的資產，人不能沒有希望，哪怕是生命的最後一刻，也要咬牙堅持住，相信穿越了當下的苦難就一定能看得見幸福的曙光。

美國作家歐·亨利在他的小說《最後一片葉子》裡講了這樣的故事：病房裡，一個生命垂危的病人看見窗外的樹葉在秋風中一片片地掉落下來。望著眼前的蕭蕭落葉，病人身體也每況愈下，一天不如一天。她說：

「當樹葉全部掉光時，我也就要死了……」

一位老畫家得知後，用彩筆畫了一片葉脈青翠的樹葉掛在樹枝上。

最後一片葉子始終沒有掉下來。只因為生命中的這片綠葉，那個病人也奇蹟般地活了下來。

希望是點燃生命之火的燦爛陽光，希望是我們內心最大的精神寄託。人生如果沒有了希望，也就沒有了奮鬥、堅持和拚搏。希望之燈一旦熄滅，生活將變得一片黑暗。

人生可以沒有很多東西，但唯獨不能沒有希望，就像伏爾泰說的：人類最可貴的財富是希望。希望是我們生活中最大的力量，只要心存希望，生命就能生生不息。所以，請一定保護好我們心中希望的那盞燈。

希望是人生最大的資產，希望使人一步步地向成功邁進，無論過程多麼艱辛。霍金說過「無論命運有多壞，人總應有所作為，有生命就有希望。」這句話表達出霍金的心聲，他用行動證明了一切。畢竟，有希望的生命才是有意義的，霍金從他患病開始就保持著強烈的希望，並在希望的指引下一步步邁向成功。

亞歷山大大帝給希臘世界和東方的世界帶來了文化的融合，開闢了

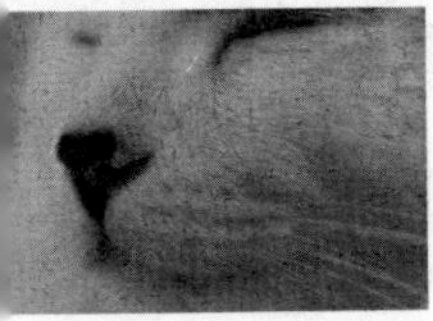

## Chapter 3

# 智慧生活，快樂生活

一直影響到現在的絲綢之路的豐饒世界。據說他投入了全部的青春活力出發遠征波斯之際，曾將他所有的財產分給了臣下。

為了登上征伐波斯的漫長征途，他必須買進種種軍需品和糧食等物，為此他需要巨額的資金。但他把從珍愛的財寶到他領有的土地，幾乎全部都給臣下分配光了。

群臣之一的庇爾狄迦斯，深以為怪，便問亞歷山大大帝：「陛下帶什麼啟程呢？」

對此，亞歷山大回答說：「我只有一個財寶，那就是『希望』。」

在人生的旅途中，最重要的既不是財富，也不是地位，而是在自己胸中像火焰一般熊熊燃起的一念，即「希望」。因為那種毫不計較得失、為了巨大希望而活下去的人，絕對會生出勇氣，不以困難為事，一定會激發出巨大的激情，開始閃爍出洞察現實的睿智之光。只有睿智之光與時俱增、終生懷有希望的人，才是具有最高信念的人，才會成為人生的勝利者。

生活中需要希望，沒有希望，生活將無法繼續；學習中需要希望，沒有希望，學習將毫無樂趣；成功需要希望，沒有希望，我們面臨的只有失敗與挫折；人生需要希望，沒有希望，生命將如一口枯井，了無生趣，人生也就失去了意義。

從前，有一老一少兩個相依為命的瞎子，每日靠彈琴賣藝維持生活。一天，老瞎子支撐不住病倒了。他自知不久將離開人世，便把小瞎子叫到床頭，緊緊拉著小瞎子的手，吃力地說：「孩子，我這裡有個祕方，這個祕方可以使你重見光明。我把它藏在琴裡面了，你必須在彈斷一千根琴弦的時候才能把它取出來，否則，你是不會重見光明的。」

一天又一天，一年又一年，小瞎子將師父的遺囑銘記在心，不停地彈啊彈，將一根根彈斷的琴弦收藏著。當他彈斷一千根琴弦的時候，當年那個弱不禁風的少年已到垂暮之年，他按捺不住內心的喜悅，雙手顫抖著，慢慢地打開琴盒，取出祕方。

然而，別人告訴他，那是一張白紙，上面什麼都沒有。聽到這個消息，老人反而笑了。

拿著一張什麼都沒有的白紙，他為什麼笑了？原來，他突然明白了

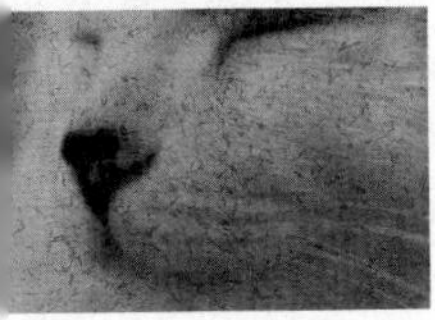

## Chapter 3
# 智慧生活，快樂生活

師父的用心。雖然是一張白紙，但是他從小到老彈斷一千根琴弦後，卻悟到了這無字祕方的真諦——在希望中活著，才會看到光明。

希望就像茫茫大海上遠處的一座燈塔，一盞黑暗中指引我們前行的燈，一盞困境中引領我們通往光明的燈。它賜予我們前進的力量，幫助我們堅持到底，迎來曙光。

擁有希望的人生是精彩的，擁有希望的人相信明天會更加精彩。希望總是好的，它能讓人看到光明的未來，擁有不斷進取的動力。生活對每個人都是一樣的，何必整日愁眉苦臉地生活，何不以積極樂觀的心態去面對人生，努力拚搏。很多時候，都是我們自己把問題複雜化了。只要相信未來，即使再困苦的日子也會挺過去，美好的未來就在前方。

一九六九年，美國作家約翰·肯尼迪·圖爾終於完成了長篇小說《傻子們的同盟》。儘管他對自己的這部作品非常滿意，但命運卻無情地嘲弄了他。他帶著自己的作品四處奔波，結果卻遭到許多出版商的拒絕。

一九七〇年，精疲力盡的圖爾失望至極，實在無法忍受不能出版的打擊，最終飲彈自盡，結束了年僅三十二歲的生命。

他在臨死之前留下了悲觀厭世的遺言：「我不僅對自己的作品絕望了，而且對整個社會也絕望了，像我這樣絕望的人，也許只有一條路可以選擇，那就是盡快死去，以擺脫這絕望的厄運。」

圖爾放棄了希望，於是選擇了極端的方式……失去希望的人是痛苦的，他們的人生從此毫無意義。然而，更多的人心中抱持著堅定的信念，他們充滿希望，因為他們深知希望是人生最大的資產。

圖爾的母親當時已經是七十九歲的老人，她手捧著獨生子的遺書，淚流滿面，昏倒在地，倒地的一瞬間，她的眼前出現了兒子費勁心力創作的那部小說，她的心裡猛然獲得了一種力量，她終於頑強地站立起來了。

老人忍著失去兒子的巨大悲傷，叩開了一家又一家出版商的大門，儘管老人也同兒子一樣，遭到了一家又一家出版商的拒絕，但她始終堅信：兒子在寫作方面是個天才，兒子的作品是偉大的，雖然兒子以一個失敗者的姿態告別了這個世界，但是老人絲毫沒有放棄出版《傻子的同盟》的希望。

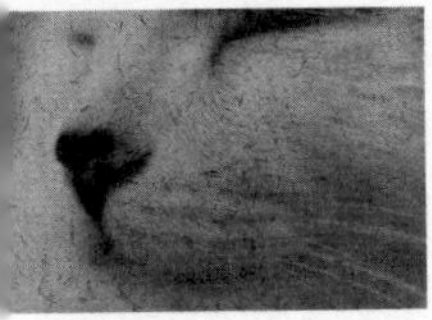



老人堅持不懈地繼續與出版商聯繫，用自己笨拙的語言一次又一次地試圖說服出版商，她告訴那些出版商，這部作品總有一天會成為人們關注的偉大作品，如果不能出版這部作品，那不止是她和兒子的個人損失，而是整個出版界和整個社會的重大損失，後來發生的事情，都被這位執著的母親言中了。

在圖爾去世十週年之際，在經歷了十八家出版商的斷然拒絕之後，《傻子的同盟》這部作品引起了當時的著名小說家沃西．珀西的關注，並將其推薦給路易斯安娜出版社。

路易斯安娜出版社的主編親自審閱了這部作品，他被小說獨特的構思和滑稽的語言所傾倒，當即決定：以最快的速度出版該作。

一九八〇年，《傻子的同盟》終於得以出版問世，並很快在廣大讀者中引起了轟動。一九八一年，美國普利茲藝術獎的評選委員會經過幾番討論，終於選出了最後的獲獎作品，其中長篇小說《傻子的同盟》的作者約翰．肯尼迪．圖爾成為普利茲小說獎的獲得者，遺憾的是，他本人已經無法親自享受如此殊榮，甚至在臨死之際連想都不敢想，自己的作品竟然能夠獲得大獎。

記者採訪約翰八十九歲的老母親的時候，她說了一句發人深思的話：「在絕望中尋找希望的過程使我認識到——人生最大的破產是絕望，人生最大的資產是希望。」

多麼糟糕的事情都會過去的，只要努力拚搏，一定會迎來美好的明天。每個人都會遇到挫折，可貴的是遇到挫折後不放棄自己的未來。相信未來，它是一種信念，是你的精神力量，相信自己，因為你是最好的，相信未來，成功一定在前方等著你。

一九二七年，美國阿肯色州的密西西比河大堤被水沖垮，一個九歲的黑人小男孩的家被水沖毀，在洪水即將吞噬他的一剎那，母親用力把他拉上了堤坡。

一九三二年，男孩八年級畢業了，因為阿肯色的中學不招收黑人，他只能到芝加哥讀中學，可是家裡沒有那麼多錢。那時，母親做出了一個驚人的決定——讓男孩復讀一年。但為此她必須替整整五十名工人洗衣、熨衣和做飯，才可為孩子存夠上學的錢。

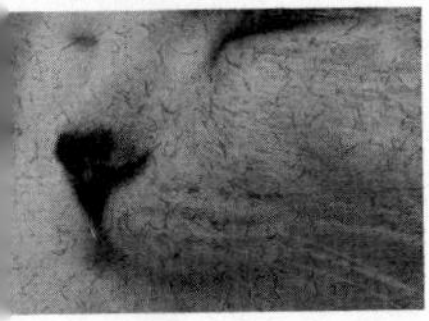

# Chapter 3
# 智慧生活，快樂生活

一九三三年夏天，家裡湊足了那筆血汗錢，母親帶著男孩踏上火車，奔向陌生的芝加哥。在芝加哥，母親靠當傭人謀生。男孩以優異的成績中學畢業，後來又順利地讀完大學。一九四二年，他開始創辦一份雜誌，但最後一道障礙，是缺少五百美元的郵費，不能給訂戶發函。一家信貸公司願借貸，但有個條件，就是得有一筆財產作抵押。母親曾分期付款好長時間買了一批新傢俱，那是她一生最心愛的東西，但她最後還是同意將傢俱作了抵押。

一九四三年，那份雜誌獲得巨大成功。男孩終於能做自己夢想多年的事了：將母親列入他的工資名冊，並告訴她算是退休工人，再也不用工作了。那天，母親哭了，那個男孩也哭了。

後來在一段反常的日子裡，男孩經營的一切彷彿都陷入谷底，面對巨大的困難和障礙，男孩已無力回天。他心情憂鬱地告訴母親：「媽媽，看來這次我真要挫敗了。」

「兒子，」她說，「你努力試過了嗎？」

「試過。」

「非常努力嗎？」

「是的。」

「很好。」母親果斷地結束了談話，「無論何時，只要你努力嘗試，就不會失敗。」

果然，男孩渡過了難關，攀上了事業新的巔峰。這個男孩就是馳名世界的美國《黑人文摘》雜誌創始人、約翰森出版公司總裁、擁有三家無線電台的約翰·約翰森。希望是人生最大的資產，永遠不要放棄希望，因為它是生命的全部意義。

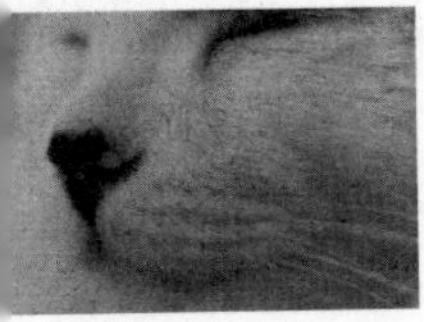



# 03 抱怨改變不了任何事

如果我寫了一千頁，篩過以後，八百頁扔進字紙簍，只留下二百頁精華，我也絕不抱怨。

——茨威格

不去抱怨生活，而是去享受生活，這就是生活的智慧。現實生活中，確有這樣一種人，總是生活在唉聲歎氣和怨天尤人的牢騷之中，他的眼睛、耳朵好像長得不合時宜，總是看這也不順眼，聽那也不對勁，常常心中忿忿不平，抱怨命運，痛恨別人，不是大罵世事不公，就是哀歎老天無眼……

仔細想想，這種人的心態命運是應了那句老話：心比天高，命比紙薄。「心比天高」是因：這種人把自己看得太高了，自認為什麼都行，什麼都比別人強；工作中該做的都做了，還比別人做得好，升遷該有我，漲工資該有我，評先進必跑不了我。「命比紙薄」是果：職位沒升遷，漲工資沒輪到，先進也無緣。

抱怨改變不了任何事情，只能增加更多的煩惱。人們為什麼會抱怨生活中的種種不如意呢？這一切的不滿都來源於苛求，對生活的苛求。沒有完美的人生，生活容不得太多的苛求。因為別人的樣子是你所不能改變一絲一毫的，比如你的老闆脾氣就是不好，你的同事說話就是有點讓人難以接受，你的朋友吃飯的口味就是無法和你保持一致等等。對這些，一些人選擇了抱怨，但那能怎樣呢？那只會給自己增添煩惱，頻生抱怨。

約翰在耶魯大學拿了學士學位後，又在佛萊堡大學拿到了碩士學位，於是去了西部的大礦主赫斯特那裡應聘。但是礦主赫斯特是個脾氣

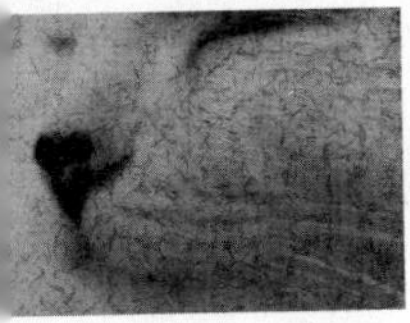



古怪又很固執的人，他自己沒有文憑，也不相信那些文質彬彬又專愛講理論的工程師。約翰遞上自己的引以為傲的文憑，滿以為老闆會對他另眼相看，沒想到赫斯特很不禮貌地對約翰說：「對不起，我可不需要什麼文謅謅的工程師。碩士算什麼，都是一些沒有實用價值的東西。」

約翰並沒有生氣，而是說要告訴他一個祕密，但是前提條件是不能告訴他父親。赫斯特表示同意，於是約翰對赫斯特小聲說：「其實我在德國的佛萊堡並沒有學到什麼，那三年就是混日子。我之所以在那裡待到畢業，完全是因為我的父親，他身體不太好，我不想惹他不高興。」赫斯特看到這個小伙子也認同自己的觀點，於是聘用了他。

也許很多人碰到這種情況都會抱怨赫斯特的頑固不化，可是抱怨又有什麼用呢？仍然改變不了他的脾氣。抱怨縱然能解一時怒氣，但是並不能解決問題，更不能讓我們成為最後的贏家。所以，應該像約翰那樣，抱怨別人不如改變自己。

當今社會心態浮躁的人很多，他們常常在心裡抱怨上司有眼無珠，以至於自己沒得到應有的重視。在他們心中，如果上司重用了自己，似乎自己就可以使公司更上一層樓了。殊不知越是成功的企業家，越是有一雙識人的慧眼，他們最清楚自己的員工，也最熟悉自己的員工。

愛若和布若差不多同時受雇於一家超級市場，開始時大家都一樣，從最底層幹起。可是不久愛若受到總經理青睞，一再被提升，從領班直到部門經理。布若卻像被人遺忘了一般，還在最底層混。終於有一天布若忍無可忍，向總經理提出辭呈，並痛斥總經理狗眼看人低，辛勤工作的人不提拔，倒提拔那些吹牛拍馬的人。

總經理耐心地聽著，他瞭解這個小伙子，工作肯吃苦，但似乎缺了點什麼，缺什麼呢？三言兩語說不清楚，說清楚了他也不服，看來……他忽然有了主意。

「布若先生，」總經理說：「您馬上到集市上去，看看今天有什麼正賣著的。」

布若很快從集市上回來說，只有一個農民拉了一車馬鈴薯在賣。

「一車馬鈴薯大約多少錢？有多少斤？」總經理問。布若又跑去，回來後說有四十袋。

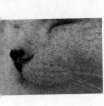

「價格是多少？」布若再次跑到集上。

總經理望著跑得氣喘吁吁的他說：「請休息一會兒，看看愛若是怎麼做的。」說完叫來愛若對他說：「愛若先生，您馬上到集市上去，看看今天有什麼正賣著的。」

愛若很快從集市上回來了，匯報說到現在為止只有一個農民在賣馬鈴薯，有四十袋，價格適中，品質很好，他帶回幾個讓總經理看看。這個農民待會兒還會將弄幾箱西紅柿上市，他看價格算是公道，可以進一些貨。想到這種價格的西紅柿，總經理大概也會要，所以他不僅帶回了幾個西紅柿樣品，而且還把那個農民帶來了，他現在正在外面等回話呢。」

總經理看了一眼紅了臉的布若，說：「請他進來。」

因此，對於生活中的布若這類人來說，不要抱怨自己被人忽視，或者總是感歎自己韶華虛度，一事無成。要知道，氣憤和不平只會空耗自己的熱情，頹廢消極的情緒只會銷蝕自己的人生。

人在生命的旅途中，遇到各種矛盾、產生各種不平衡心理，本是正常現象，大可不必整天為此牢騷滿腹。有道是：人生不如意事十之八九。這其中可能有領導、同事的原因，更多的可能還是自己的不是，一個人如果總是戴著有色眼鏡看世界，凡事不能以美好的未來鼓勵自己，他的心便會佈滿陰影，他的結局一定是作繭自縛。

生活的每一天都是值得尊敬的，不該有那麼多的抱怨。當你抱怨房價漲得太高，汽車是買得起養不起時，你卻不知道自己其實是生活在「福」窩裡的，因為你衣食無憂，身體健康。

當命運之舟背負著我們一路前行，總會有人在某個彎曲的河灘擱淺，這時候，若是整日哀愁歎息牢騷滿腹，只會給自己的生命塗上更重的灰色，失去前行的方向。而樂觀豁達的心情才是生活所需要的。

不抱怨生活，你就擁有一個不抱怨的世界。生活也就少了很多煩惱，留下更多時間去享受生活，感受世間的美好。

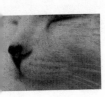

# 04 不做慾望的奴隸

理性是羅盤，慾望是暴風雨。
——波普

人的慾望是無窮的，不做慾望的奴隸，不要讓自己的負擔越來越重。現代社會，物質條件日益豐富。如果一個人沒有自我控制能力，就會在慾望的世界裡倘佯徘徊，那麼他離奴隸狀況也就只有一步之遙了。

人人都有慾望，誰都想追求最大快樂，獲得最大成就，賺取最大錢財，擔當最大官職……慾望是人類生存的需要和本能，與生俱來，去無止境。然而，慾望是把雙刃劍，具有「一半是天使，一半是野獸」的雙重特性。

黑格爾說，慾望是人類歷史的槓桿，這大概是慾望的歷史功績吧！但是，慾望需要克制，只要縱容或者嬌慣它一次半次，就有可能如洪水猛獸般一發而不可收拾。因此，學會控制慾望，不做慾望的奴隸，才是生活的智慧。

曼谷的西郊有一座寺院，因為地處偏遠，香火一直非常冷清。原來的住持圓寂後，索提那克法師來到寺院做新住持。初來乍到，他繞著寺院四周巡視，發現寺院周圍的山坡上到處長著灌木。那些灌木呈原生態生長，樹形恣肆而張揚，看上去隨心所欲，雜亂無章。索提那克找來一把修剪園林用的剪子，不時去修剪一棵灌木。半年過去了，那棵灌木被修剪成一個半球形狀。

僧侶們不知住持意欲何為。問索提那克，法師卻笑而不答。

這天，寺院來了一個不速之客。

來人衣衫光鮮，氣宇不凡。法師接待了他。

寒暄，讓座，奉茶。對方說自己路過此地，汽車拋錨了，司機現在

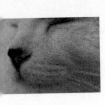

修車，他進寺院來看看。

法師陪來客四處閒逛。行走間，客人向法師請教了一個問題：「人怎樣才能清除掉自己的慾望？」

索提那克法師微微一笑，折身進內室拿來那把剪子，對客人說：「施主，請隨我來！」

他把來客帶到寺院外的山坡。客人看到了滿山的灌木，也看到了法師修剪成型的那棵灌木。

法師把剪子交給客人，說道：「您只要能經常像我這樣反覆修剪一棵樹，您的慾望就會消除。」

客人疑惑地接過剪子，走向一叢灌木，卡嚓卡嚓地剪了起來。

一壺茶的工夫過去了，法師問他感覺如何。

客人笑笑：「感覺身體倒是舒展輕鬆了許多，可是日常堵塞心頭的那些慾望好像並沒有放下。」

法師頷首說道：「剛開始是這樣的。經常修剪，就好了。」

來客走的時候，跟法師約定他十天後再來。

法師不知道，來客是受谷最享有盛名的娛樂大亨，近來他遇到了以前從未經歷過的生意上的難題。

十天後，大亨來了；十六天後，大亨又來了……三個月過去了，大亨已經將那棵灌木修剪成了一隻初具規模的鳥。

法師問他，現在是否懂得如何消除慾望。

大亨面帶愧色地回答說，可能是我太愚鈍，眼下每次修剪的時候，能夠氣定神閒，心無掛礙。可是，從您這裡離開，回到我的生活圈子之後，我的所有慾望依然像往常那樣冒出來。

法師笑而不言。

當大亨的鳥完全成型之後，索提那克法師又向他問了同樣的問題，他的回答依舊。

這次，法師對大亨說：「施主，你知道為什麼當初我建議你來修剪樹木嗎？我只是希望你每次修剪前都能發現，原來剪去的部分，又會重新長出來。這就像我們的慾望，你別指望完全消除。我們能做的，就是盡力把它修剪得更美觀。放任慾望，它就會像這滿坡瘋長的灌木，醜惡

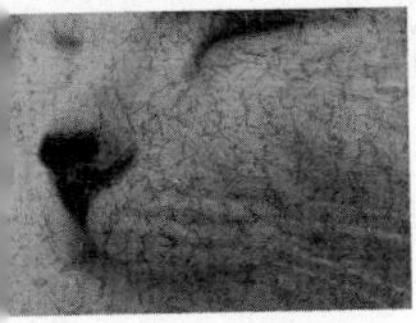



不堪。但是，經常修剪，就能成為一道悅目的風景。對於名利，只要取之有道，用之有道，利己惠人，它就不應該被看做是心靈的枷鎖。」

大亨恍然。

此後，隨著越來越多的香客的到來，寺院周圍的灌木也一棵棵被修剪成各種形狀。這裡香火漸盛，日益聞名。

慾望向魔鬼一般侵蝕人心，讓人失去理性，在極度歡愉的同時，以飛快的速度向地獄狂奔。

人不可能沒有慾望，但如果被慾望所控制，成為慾望的奴隸，則是人生的悲劇。因此，當你面臨外界諸多的誘惑時，不要貪婪，懂得知足，會讓你遠離慾望的圈套，保持清醒的頭腦。要知道，慾望是無止境的，它會毀掉一個人的正常的生活。只有能夠戰勝自己慾望的人，才能戰勝生命中的困厄，從而戰勝整個世界。

每個人都有慾望。人類的慾望與生俱來，揮之難去。合理的慾望是人類發展的原動力，而過度的慾望則是痛苦的開始。凡事都有一個度，慾望過度就成了貪慾，而貪婪是惡魔，它能改變一個人，使人由高尚變卑劣，由廉潔變貪婪，由善良變兇惡。凡事不可慾望過度，過則成貪，貪求越多，付出的代價也越大。

因此，學會控制慾望，不做慾望的奴隸，這是每個人都應該懂得生活智慧。人生漫漫旅途，我們每個人都應當正確對待慾望，做慾望的主人而不做奴隸，用自己勤勞的雙手，滿足自己的正常慾望，切莫為了貪慾而越雷池半步！

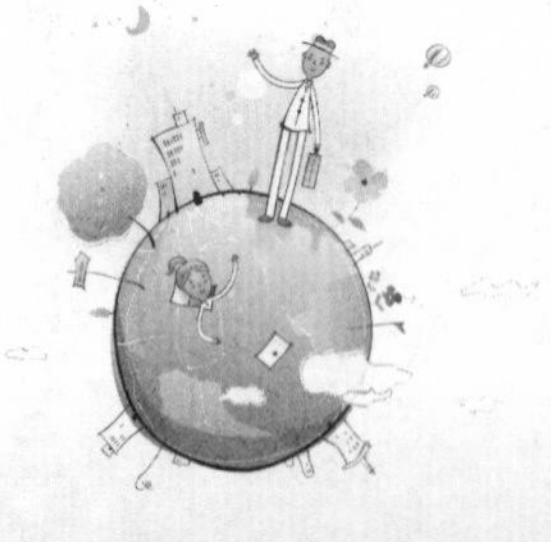

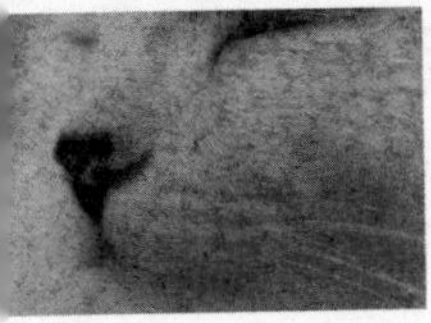



# 05 退一步天高雲闊，讓三分心平氣和

一切頑固沉重的憂鬱和焦慮，足以給各種疾病大開方便之門。

——巴甫洛夫

隨著社會的發展，時代的進步，生活節奏變得越來越快，人們在享受充裕物質生活的同時，壓力也與日俱增，讓人感覺身心俱疲，以至於常常發出感歎：生活實在太累了。其實，很多無謂的焦慮才是煩擾人們的主要原因。

很多人總是沉溺於往事之中，悲傷、煩悶，他們無法體驗生活的美好。其實，這些都是無謂的煩惱，過去的就讓它過去吧，何必沉迷於昔日的生活，而不斷背負過去的痛苦。

很多人又執著於未來，他們無法在生活中感受輕鬆。關注將來固然重要，但長此以往，只會讓我們焦慮迷茫、患得患失。

無論是過去還是將來，如果深陷其中，煩惱總會接踵而至。拋開這些無謂的焦慮吧，享受生活中的每一天，你的人生就充滿了快樂。只有拋開愚蠢的擔憂，才能更好地享受生活。

沙林吉夫人一向是個很平靜、很沉著的婦女，她從來沒有為任何事情憂慮過。但是以前的她也會憂慮，而且還很嚴重。她說那時的她差點被憂慮毀掉。

在她學會征服憂慮之前，她在自作自受的苦海中，生活了整整十一年。那時她脾氣不好，很急躁，生活在非常緊張的情緒之下。買東西時都會發愁房子被人燒了怎麼辦？傭人跑了怎麼辦？孩子們被汽車撞死了怎麼辦？她常常會因發愁而冒冷汗，往往會從工作單位跑回家，看看一切是否正常。在這種情緒的影響下，她第一次婚姻失敗了。

她的第二個丈夫是一個律師，人很文靜，有分析和判斷能力，從不為任何事情憂慮。每當沙林吉夫人緊張或焦慮的時候，他就對她說：「不要慌，讓我好好地想一想，你真正擔心的到底是什麼呢？我們分析一下機率，看看這種事情是不是有發生的可能。」

有一次，沙林吉夫人和她的丈夫在去新墨西哥州的一條公路上遇到了一場暴風雨。

那天，天下著雨，道路很滑，車子很難控制。沙林吉夫人擔心會被滑到路邊的溝裡去，可是丈夫一直對她說，車子開得很慢，不會出事的。丈夫的鎮定態度使沙林吉夫人的心情漸漸平靜了下來。

還有一次，一年夏天，他們準備到落磯山區露營。一天晚上，他們把帳篷紮在海拔三千英尺的地帶，突然遇到了暴風雨。帳篷在大風中抖動著、搖晃著，發出很大聲響。沙林吉夫人每分鐘都想：帳篷要被吹垮了，要飛到天上去了。可是，她的丈夫不停地說，親愛的，我們有幾個印地安嚮導，他們對這兒瞭如指掌，他們說這裡從沒有發生過帳篷被吹跑的事情。根據機率，今晚也不會吹跑帳篷。即使真吹跑了，咱們也可以躲到別的帳篷裡去，所以不用緊張。就這樣，慢慢地，沙林吉夫人放鬆了精神，結果那一夜她睡得很安穩。

經過這兩件事後，沙林吉夫人漸漸擺脫了這些愚蠢的擔憂。無謂的焦慮只會帶來無盡的煩惱，生活中充滿了壓力，何苦再去自尋煩惱，杞人憂天呢？

從前在杞國，有一個膽子很小，而且有點神經質的人，他常會想到一些奇怪的問題，而讓人覺得莫名其妙。

有一天，他吃過晚飯以後，拿了一把大蒲扇，坐在門前乘涼，並且自言自語地說：「假如有一天，天塌了下來，那該怎麼辦呢？我們豈不是無路可逃，而將活活地被壓死，這不就太冤枉了嗎？」

從此以後，他幾乎每天為這個問題發愁、煩惱，朋友見他終日精神恍惚，臉色憔悴，都很替他擔心，但是，當大家知道原因後，都跑來勸他說：「老兄啊！你何必為這件事自尋煩惱呢？天空怎麼會塌下來呢？再說即使真的塌下來，那也不是你一個人憂慮發愁就可以解決的啊，想開點吧！」

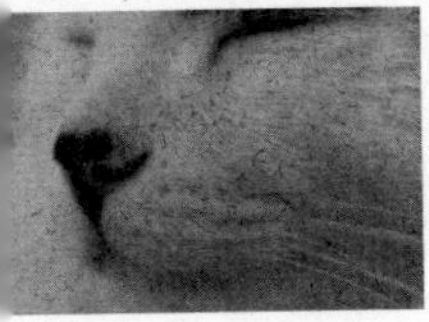



可是，無論人家怎麼說，他都不相信，仍然時常為這個不必要的問題擔憂。

後來的人就根據上面這個故事，引伸成「杞人憂天」這句成語，它的主要意義在喚醒人們不要為一些不切實際的事情而憂愁。

忘掉不切實際的焦慮吧！學會給自己適當減壓。人生不如意事十之八九，現實中的矛盾、麻煩和痛苦早已使人心煩意亂。所謂「棄我去者，昨日之日不可留；亂我心者，今日之日多煩憂。」如果我們再把將來可能發生的不幸和痛苦預支過來，那就是雪上加霜，更使自己舉步維艱，沮喪難熬，累得直不起腰來。

在撒哈拉沙漠中，有一種土灰色的沙鼠。每當旱季到來之時，這種沙鼠都要囤積大量的草根，以準備度過這個艱難的日子。因此，在整個旱季到來之前，沙鼠都會忙得不可開交，在自家的洞口上進進出出，滿嘴都是草根，辛苦的程度讓人驚歎。

但有一個現象很奇怪，當沙地上的草根足以使牠們度過旱季時，沙鼠仍然要拚命地工作，必須將草根咬斷運進自己的洞穴，這樣牠們似乎才能心安理得，感到踏實，否則便焦躁不安。

而實際情況是，沙鼠根本用不著這樣勞累。經過研究顯示，這個現象是由一代又一代沙鼠的遺傳基因所決定，是出於一種本能的擔心。因此，沙鼠所做的事情常常是相當多餘，又毫無意義的。

天下本無事，庸人自擾之。如果說，一個人一生只有三天，即昨天、今天和明天的話，那麼，昨天已成歷史，明天還未到來，只有今天才是實實在在的，最重要的是過好今天。看菜吃飯，量體裁衣，順其自然，隨遇而安。日出東海落西山，過一天，多一天；多一天，樂一天；樂一天，賺一天。

丹麥有個民間故事，說的是一個鐵匠，家裡非常貧困。於是鐵匠經常擔心：「如果我病倒了不能工作怎麼辦？」「如果我賺的錢不夠花了怎麼辦？」結果這一連串的擔心像沉重的包袱壓得他喘不過氣來，使他飯也吃不香，覺也睡不好，身體一天天地越變越弱。

有一天鐵匠上街去買東西，突然昏倒在路旁，恰好有個醫學博士路過。博士在詢問了情況後十分同情他，就送了他一條金項鏈並對他說：

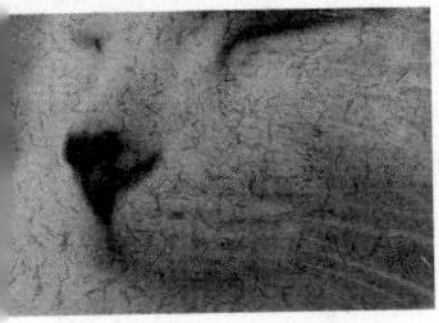



「不到萬不得已的情況下，千萬別賣掉它。」鐵匠拿了這條金項鏈高興地回家了。

從此之後，他經常想著這條項鏈，並自我安慰道：「如果實在沒錢了，我就賣掉這條項鏈。」這樣他白天踏實地工作，晚上安心地睡覺，逐漸地他又恢復了健康。

後來他的小兒子也長大成人，鐵匠家的經濟也寬裕了。有一次他把那條金項鏈拿到首飾店裡估價，老闆告訴他這條項鏈是銅的，只值一塊錢。鐵匠這才恍然大悟：「博士給我的不是一條項鏈，而是治病的方法！」

從這則民間故事裡，我們可以悟出這樣一則道理，不用預支明天的煩惱，只需做好今天的功課，做好今天的功課，就是應對明天煩惱的最好法寶。特別是當我們把心頭的那個沉重包袱放下時，你會發現，原來焦慮的那些令人不安的後果往往也難以發生。

既然那些無謂的焦慮給我們帶來如此多的痛苦，我們又該如何擺脫它們呢？其實，只要放寬心，所有的焦慮都會消失。

**一、學會寬容：有容乃大，厚德載物**

寬容意味著博大，一顆寬容之心能夠化解衝突，消除隔閡，減少摩擦，最大限度地過濾煩惱的來源。

**二、懂得諒解：將心比心，換位思考**

凡事先為他人著想，將心比心，有助於加深彼此間的感情，以及相互理解。

**三、學會接納：海納百川，方成其大**

學會接納別人，適應周圍的一切。愛因斯坦說：「人的最高本領是適應環境的能力。」材匠調木，智者調心。人應該積極調整心態，改變能改變的，接受不能改變的。

**四、懂得解脫：世界隨著心情改變**

凡事不鑽牛角尖，人也舒坦心也舒坦。有時候，一個華麗的轉身，面對的是全新的風景；有時候，換一種眼光看世界，你會發現山重水複處常別有洞天。

**五、懂得謙遜：不作珍珠，甘為泥土**

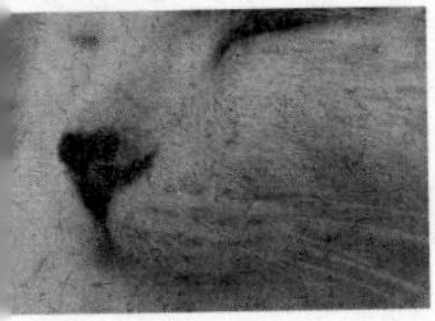



謙虛是為人處世必須謹記的美德，別把自己當珍珠，那樣時時會有怕被埋沒的痛苦：把自己當成泥土吧，別人越踩越結實。學會謙虛，你的人生將豁然開朗。

## 六、學會自嘲：嘲弄他人是缺德，學會自嘲是美德

所謂自嘲，就是自我嘲笑，自我解嘲。能夠自嘲之人方顯大度，是心胸開闊、為人寬厚、性格幽默的表現，是人際交往的黏合劑。在這個充滿挑戰與壓力的社會中，學會自嘲顯得尤為重要。

## 七、懂得進退：寵辱不驚，去留無意

寵辱不驚，閒看庭前花開花落，這是智者的從容；去留無意，漫觀天外雲卷雲舒，這是大師的平靜。退一步天高雲闊，讓三分心平氣和。吃虧是福，量大無禍。我常想，人若真正學會取捨，懂得進退，不再圖名，不再逐利，一定能活得很輕鬆，而輕鬆的生活難道還會煩惱不斷嗎？

# 06 忍耐是一種成熟的涵養

凡事當有遠謀，有深識。堅忍一時，則保全必多，一時之不忍而終身慘矣。

——胡林翼

忍耐是一種處世能力，也是一種生存技巧。忍一時，爭千秋。為了今後獲得更大的利益，就要忍住當下所面臨的一切困難。現代社會，一個沒有忍耐力的人，無法在社會上立足，無法與人進行良好的交往。

人與人交往必須要學會忍耐。一要忍氣，二要忍辱。「氣」指氣憤，「辱」指屈辱。氣憤來自生活中的不公，屈辱產生於人格上的貶低。忍

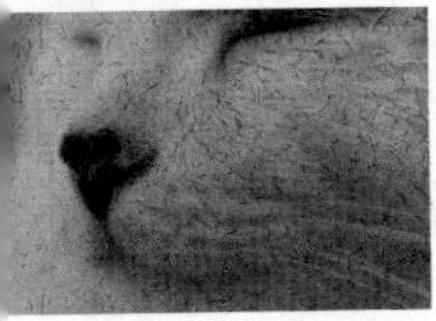



是為了求安，凡事要想得開，看得遠，正如俗話所言：「忍得一時之氣，免得百日之憂。」中國人講究處世要能夠忍氣吞聲，做人要學會忍辱負重。在中國人眼裡，忍耐是一種成熟的涵養，更是一種以屈求伸的深謀遠慮。

唐代宰相婁師德有個弟弟在被任命為代州刺史後，作為時任宰相的婁師德在弟弟臨行前便鄭重地詢問道：「賢弟你可知道，愚兄不才卻獲得皇帝的信任，擔任這一人之下萬人之上的宰相一職。而你現在又荷蒙皇恩出任州郡裡的最高長官，像這樣過分的高官厚祿，人們難免會嫉妒我們。而要保全先人留給我們的身體，你可有什麼好辦法？」

弟弟當即回答：「大哥所教，小弟明白。從此以後，即便有人在我臉上吐痰，我不但不說人家的壞話，而且還要讓自己把它暗中擦去。這樣，大概總使兄長您放心了吧？」

婁師德聽了弟弟這話，卻不覺使勁地搖了搖頭，然後感歎道：「咳，你這樣做就是我的擔憂所在呀！你可知道，人家往你臉上吐痰，這說明了他對你已經很是不滿，才會這樣去做的；而你把它擦掉，這不就更要惹惱對方了嗎？真正處理好這事的辦法，應該是你不要自己去擦它，而是笑著接受，並讓它自己去陰乾！」弟弟仔細聽取了哥哥婁師德的教誨後便出發了。後來婁師德出將入相，應該說跟他深諳忍耐之道有很大關係。

「吃虧人常在，能忍者自安」，是一句提倡人們忍耐的至理箴言。忍耐是人類適應自然選擇和社會競爭的一種方式。大凡世上的無所謂爭端多起於芥末小事，一時不能忍，鑄成大禍，不僅傷人，而且傷己，此乃匹夫之勇。凡事能忍者，不是英雄，至少也是達士；而凡事不能忍讓者縱然有點愚勇，終歸城府太淺。

有一位年輕人畢業後被分配到一個海上油田鑽井隊工作。在海上工作的第一天，領班要求他在限定的時間內登上幾十米高的鑽井架，把一個包裝好的漂亮盒子拿給在井架頂層的主管。

年輕人抱著盒子，快步登上狹窄的、通往井架頂層的舷梯。當他氣喘吁吁、滿頭大汗地登上頂層，把盒子交給主管時，主管只在盒子上面簽下自己的名字，又要他送回去。於是，他又快步走下舷梯，把盒子交

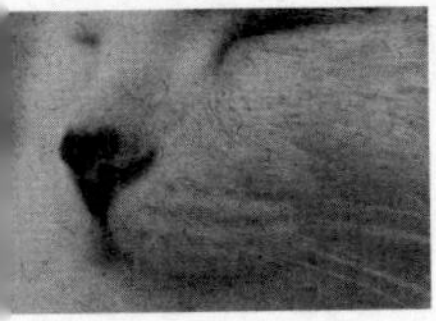



給領班，而領班也是同樣在盒子上面簽下自己的名字，要他再次送給主管。

年輕人看了看領班，猶豫了片刻，又轉身登上舷梯。當他第二次登上井架的頂層時，已經渾身是汗，兩條腿抖得厲害。主管和上次一樣，只是在盒子上簽下名字，又要他把盒子送下去。年輕人擦了擦臉上的汗水，轉身走下舷梯，把盒子送下來，可是，領班還是在簽完字以後要他再送上去。

年輕人終於開始感到憤怒了。他盡力忍著不發作，擦了擦滿臉的汗水，抬頭看著那已經爬上爬下了數次的舷梯，抱起盒子，步履艱難地往上爬。當他上到頂層時，渾身上下都被汗水浸透了，汗水順著臉頰往下淌。他第三次把盒子遞給主管，主管看著他慢條斯理地說：「把盒子打開。」

年輕人撕開盒子外面的包裝紙，盒子裡面是兩個玻璃罐：一罐是咖啡，另一罐是咖啡奶精。年輕人終於無法克制心頭的怒火，把憤怒的目光射向主管。主管又對他說：「把咖啡沖上。」此時，年輕人再也忍不住了，「啪」的一聲把盒子扔在地上，說：「我不幹了。」說完，他看看扔倒在地上的盒子，感到心裡痛快了許多，剛才的憤怒發洩了出來。

這時，主管站起身來，直視他說：「你可以走了。不過，看在你上來三次的分上我可以告訴你，剛才讓你做的這些叫做『承受極限訓練』，因為我們在海上作業，隨時會遇到危險，這就要求隊員們有極強的承受力，承受各種危險的考驗，只有這樣才能成功地完成海上作業任務。很可惜，前面三次你都通過了，只差這最後的一點點，你沒有喝到你沖的甜咖啡，現在，你可以走了。」

古有云：「忍人之所不能忍，才能為人所不能為。」成熟老練的人素來將忍耐視為一種做人的分寸。「世上無難事，只怕有心人。」通往成功之路是崎嶇曲折的，它不可能是暢通無阻的康莊大道。忍一時，爭千秋。為人處世學會忍耐，你的前途不可限量。

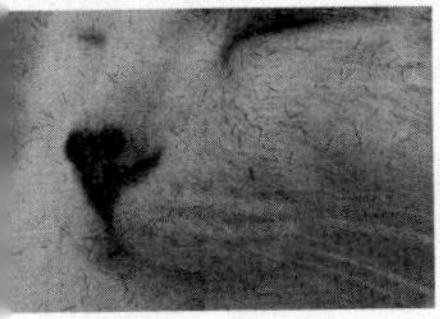



# 07 學著體察感知自己的情緒

如果人是樂觀的，一切都有抵抗，一切都能抵抗，一切都會增強抵抗力。

——翟秋白

情緒是指人的各種感覺、思想和行為的一種綜合的心理和生理狀態，是對外界刺激所產生的心理反應，以及附帶的生理反應，如喜、怒、哀、樂等。科學研究證明，情緒能夠影響一個人的身心健康。

科學家指出，保持積極樂觀的情緒會使人長壽並且增強身體抵抗力。反之，情緒常年壓抑、沮喪則會升高膽固醇和放大人的疼痛感。

不少人都有這樣的經歷：當悲傷、抑鬱時，會出現頭疼、胃痛、失眠、血壓增高等症狀。研究人員發現，如果常年處於慢性壓抑之下，會使血液中葡萄糖和脂肪酸升高，患糖尿病和心臟病的風險加大。另外，壓力還會使人體膽固醇數值上升，更易誘發心血管病。

現代醫學研究顯示，癌症、冠心病、高血壓病、潰瘍、神經官能症、甲狀腺機能亢進、偏頭痛、糖尿病都與心理因素有關，而其中最主要的心理因素就是不良情緒狀態。許多研究顯示，緊張和焦慮、恐懼等不良情緒是健康的大敵。

情緒影響健康，調整好情緒，才能擁抱健康的生活。很多人並不清楚情緒對健康的影響，其實，情緒影響健康的程度，常常會超乎我們自己的想像。

人在愉快時，身體所分泌的激素，能讓身體產生一種正回饋的循環，血液合諧地流通在各身體的器官。而人在生氣和憤怒時，身體所產生的激素，隨時啟動生理各部位的電位差，準備攻擊或是防禦。身體的神經隨時是緊繃的，或許短時間內你並沒有感到不適，但是經年累月的精神

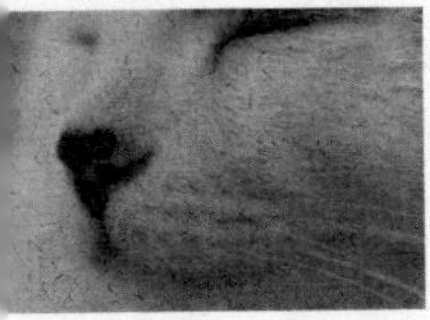

Chapter 3

# 智慧生活，快樂生活

無法鬆懈，就造成身體十分大的負擔。情緒不平衡，也能增加罹患疾病的機會。

物質欲和權力慾太強的人，思想影響活動行為。生理上的所有神經需要隨時準備注意這些訊息焦點，以免造成精神上的過度損耗。

那麼，為什麼情緒能夠影響健康呢？對這個問題，科學家進行了許多研究，目前雖尚無定論，但大多傾向於人在不同情緒狀態時，下丘腦、腦下垂體、自主神經系統都會有一定的生化改變，並由此引起身體各器官功能的變化。這就是情緒可以致病的生理學基礎。所以，要想保持健康的狀態，就要避免不良情緒的侵擾，始終保持積極樂觀的情緒，這樣疾病也會遠離你的身體。

樂觀情緒，擁抱健康。日常生活中，如何保持樂觀情緒，避免消極情緒呢？下面介紹幾種簡單有效的方法：

## 一、體察自己的情緒

也就是，時時提醒自己注意：「我現在的情緒是什麼？」例如：當你因為朋友約會遲到而對他冷言冷語時，問問自己：「我為什麼這麼做？我現在有什麼感覺？」如果你察覺你已對朋友三番兩次的遲到感到生氣，你就可以對自己的生氣做更好的處理。

時刻注意自身的情緒，避免消極情緒的產生。我們知道，每個人都會有情緒，壓抑情緒反而會帶來更壞的結果，學著體察感知自己的情緒，是情緒管理的第一步。

## 二、適當表達自己的情緒

如果一味壓抑情緒，久而久之會造成嚴重的心理負擔。學會適當表達情緒，能夠緩解心理壓力，放鬆身心。適當表達情緒是一門藝術，需要用心地體會、揣摩，更重要的是，要確實用在生活中。

## 三、以合宜的方式紓解情緒

紓解情緒的方法很多，有些人會痛哭一場、有些人找三五好友訴苦一番、另些人會逛街、聽音樂、散步或逼自己做別的事情以免老想起不愉快，比較糟糕的方式是喝酒、飆車，甚至自殺。宣洩情緒的方法很多，有些人選擇大哭一場，有些人選擇傾訴，還有些人則會逛街、聽音樂、散步或是做其它事情，總之是讓自己忙碌起來以免老想起不愉快的事。

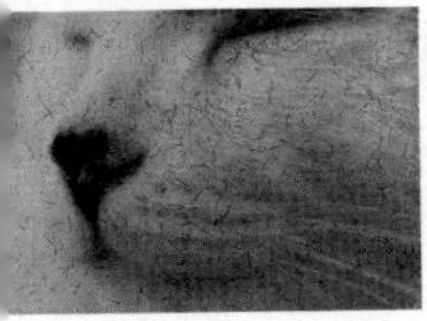



要提醒各位的是，紓解情緒的目的在於給自己一個理清想法的機會，讓自己好過一點，也讓自己更有能量去面對未來。

## 四、生活要有規律

加州大學心理學教授羅伯特．塞伊說：「我們許多人都僅僅是將自己的情緒變化歸之於外部發生的事，卻忽視了它們很可能也與你身體內在的『生物節奏』有關。我們吃的食物，健康水平及精力狀況，甚至一天中的不同時段都能影響我們的情緒」。

根據塞伊教授的結論，人的情緒變化是有週期的。塞伊本人就嚴格遵循著這一「生物節奏」的規律。寫作的最佳時間是早上，而在下午，他一般都用來會客和處理雜事，「因為那時我的精力往往不夠集中，更適合與人交談」。有規律的生活，可以有效避免消極情緒的產生。

## 五、充足睡眠是良好情緒的保障

塞伊教授的一項研究發現，那些睡得很晚的人更可能情緒不佳。匹茲堡大學醫學中心的羅拉德．達爾教授的一項研究也發現，睡眠不足對我們的情緒影響極大，他說：「對睡眠不足者而言，那些令人煩心的事更能左右他們的情緒。」而睡眠充足的人心情舒暢，看待事物的方式也更樂觀。因此，保證八小時的睡眠，是樂觀情緒的保障。

## 六、經常運動有助於保持健康情緒

運動是一個極有效地驅除不良心境的自助方式。哪怕你只是散步十分鐘，對克服你的壞心境都能收到立竿見影之效。

研究人員發現，健身運動能使你的身體產生一系列的生理變化，其功效與那些能提神醒腦的藥物類似。但比藥物更勝一籌的是，健身運動對你是有百利而無一害。不過，要做到效果明顯，你最好是從事有氧運動——跑步、體操、騎車、游泳和其他有一定強度的運動，運動之後再洗個熱水澡則效果更佳。

## 七、去大自然放鬆心情

許多專家認為與自然親近有助於心情愉快開朗。有位歌手說：「每當我心情沮喪、抑鬱時，我便去從事園林勞作，在與那些花草林木的接觸中，我的不快之感也煙消雲散了。」

假如你並不可能總到戶外去活動，那麼，即使走到窗前眺望一下青

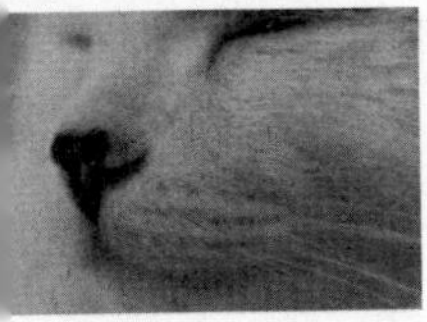

草綠樹也對你的心情有所裨益。密歇根大學心理學家斯蒂芬·開普勒做過一個有趣的實驗，他分別讓兩組人員在不同的環境中工作，一組的辦公室窗戶靠近自然景物，另一組的辦公室則位於一個喧鬧的停車場，結果他發現，前者比後者對工作的熱情更高，更少出現不良心境，其效率也高得多。

## 八、合理膳食

大腦活動的所有能量都能來自於我們所吃的食物，因此情緒波動也常常與我們吃的東西有關。《食物與情緒》一書的作者索姆認為，對於那些每天早晨只喝一杯咖啡的人來說，心情不佳是一點也不足為怪的。

索姆建議，要確保你心情愉快，你應養成一些好的飲食習慣：定時用餐（早餐尤其不能省），限制咖啡和糖的攝入（它們都可能使你過於激動），每天至少喝六至八杯水（脫水易使人疲勞）。

據最新研究顯示，碳水化合物更能使人心境平和、感覺舒暢。馬薩諸塞州的營養生化學家詹狄斯·瓦特曼認為，碳水化合物能增加大腦血液中復合胺的含量，而該物質被認為是一種人體自然產生的鎮靜劑。各種水果、稻米、雜糧都是富含碳水化合物的食物。

## 九、積極樂觀

始終保持樂觀向上的心態，積極地投入到工作和學習中，也是控制情緒的好辦法。

綜上所述，情緒對健康的影響十分明顯，積極樂觀的情緒使人快樂地生活，而消極悲觀的情緒則嚴重影響人們的身心健康。所以，在日常生活中，要盡量保持樂觀的情緒，避免不良情緒的滋生。

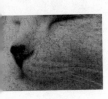

# 08 愛人者，人恆愛之

愛人者，人恒愛之；敬人者，人恒敬之。

——孟子

愛人者，人恆愛之。真正的智者擁有寬容的心，包容一切，少些仇恨，多些關愛。有些人總是更多地想到別人是否對自己好，是否尊敬自己，而很少去想自己是否對別人好，是否尊敬別人，其實事情是相互的，你怎樣對待別人，別人也往往會用同樣的態度對待你……所以，去做你自己力所能及的，盡量去幫助別人吧。記住那首歌所唱的：只要人人都獻出一點愛，世界將變成美好的人間。

古希臘神話中，有一位力大無窮的英雄叫海格力斯。有一天，海格力斯在山路上行走時，發現路中間有個袋子似的東西很礙腳，便踢了它一腳。誰知那東西不但沒有被踢開反而膨脹起來。

海格力斯有點生氣，便狠狠踩了一腳想把它踩破，哪知那東西不但沒踩破反而又膨脹了許多。海格力斯惱羞成怒，撿起一條碗口粗的木棒狠砸起來，結果那東西竟然加倍地膨脹，最後大到把路堵死了。

這時一位聖人路過，連忙對海格力斯說：「朋友，快別動它，忽略它，離開它遠去吧！它叫仇恨袋，你不犯它，它便小如當初，你的心裡老記著它，侵犯它，它就會膨脹起來，擋住你前進的路，與你敵對到底！」

我們對別人的埋怨和憤恨，正如海格力斯所遇到的那個袋子，開始很小，如果你忽略它，它就會自行消亡；如果你老是想著它，它就會在你心裡不斷膨脹。被恨控制住心靈就無法善待他人，從而也使自己受損。

人的一生，其實是一個尋找愛和學習愛的過程。一個擁有愛心的人，他整個生命里程中的一切行為，都是對愛的詮釋和表現。只有以一顆深情深摯的愛心對生活中的逆境和坎坷勇敢挑戰，才能最大限度地弘揚生命的偉大。

愛的奇妙，在於它是超意識、超自我、超物質的一種感覺，是心靈中一種美麗的犧牲，一種有距離的欣賞與理解。自私、佔有、獵奇、炫耀、自孽、孽人、逃避等都是愛的殺手。情用出去了，就不要考慮收回，情用出去了，就不要考慮收回，愛不是放高利貸，投資了就能使利潤收回。

愛又是這樣一張存摺，只要你不揮霍，珍惜每一次支出，每支一分，就有十分存入，使你一天比一天富有。而不懂得愛的人，自然不會擁有寬心的生活，留給他們的只有苦悶。

有這樣的兩位教徒去取經，取經路上，遇見一位聖者。聖者看他們親如兄弟，就讓他們許願，但是後面的那個要比前面的好一倍。

這時自私的心態在他們之間作怪，都想得到最好的，結果誰也不願意先說，為此兩人爭吵起來。

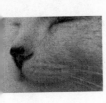

於是其中一個生氣地說道：「讓我瞎一隻眼睛好了。」說完，他的一隻眼睛瞎了。因為他先說了，那麼他的朋友也只好瞎了兩隻眼睛，比他多瞎了一隻，很悲慘。

這種結局是以毀滅自己來對待別人，心理扭曲而產生報復。如果他們都能善待對方，說出美好的一面，互相得益，就不會有如此下場。

其實，如果他們有寬闊的心胸，懂得愛他人，結局就不會是這樣。一位哲人說過一番耐人尋味的話：天空收容每一片雲彩，不論其美醜，故天空廣闊無比；高山收容每一塊岩石，不論其大小，故高山雄偉壯觀；大海收容每一朵浪花，不論其清濁，故大海浩瀚無比。這無疑是對寬心的智慧生動直觀的詮釋。

為愛而愛，當一個人真正懂得關愛別人，對身邊的一切充滿感激，那麼他已經領悟了愛的真諦。一句話，愛就是以他人的幸福為己之幸福。現代生活中，許許多多的愛情淪為性慾、權勢、金錢的犧牲品，這之中有社會客觀的因素，但更取決於當事人的用心和修繕。因此說，一個人的品行如何，它的愛情就表現為如何。愛的終極，也是修身的問題。活

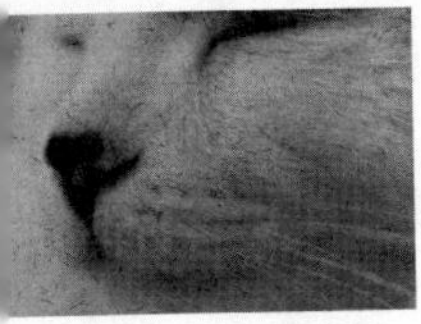



著，我們就該相信，愛包容了世間的一切，拯救世間的一切。也只有愛才能超越生命。

寬心的智慧，讓我們把愛放在首位，我們就可以原諒別人，也能撫慰自己。懂得愛人，會使我們隨和，生活中的不愉快和各種衝突矛盾都不會在寬容的心靈裡過夜。每個清晨，我們都會在心靈的滿足和希望中醒來。一旦擁有了為他人著想的美德，我們就將收穫一生的欣慰。

「我希望為世界做出積極貢獻，」比爾．蓋茲如是說。從哈佛大學輟學，與好友建立微軟公司，連續十幾年被《富士比》列為全球首富。比爾．蓋茲，這位吸引全球關注的人物打算在六月二十七日卸任微軟公司執行董事長，連「人」帶「錢」全部投入慈善事業。

比爾．蓋茲宣佈結束他在微軟的全職工作，正式交棒。執掌微軟三十多年的蓋茲終於「歸隱山林」，全身心投入慈善事業。這對微軟意味著一個時代即將結束，但對世界卻意味著多了一個身家五百八十億美元的全職慈善家。

蓋茲全數捐出五百八十億美元的消息在許多國家引起不小的轟動，

但在美國卻議論很少。美國人大都以一種平常心看待此事，可能是因為他們對富豪們「大把撒錢」扶貧濟困早已司空見慣。一位美國商人說，美國有錢人多如牛毛，美國樂善好施的人也數不勝數，動不動就捐出上億美元的人比比皆是，蓋茲無非是因為錢比其他人多所以捐得也多罷了。不把財富留給子女，這是美國許多富人奉行的原則。在現實生活中，美國人並不十分重視富人們誰比誰錢多，而更看重誰比誰捐錢多。是否能以一種超脫的心態看待財富，這是檢驗生活品味高低的試金石。

數字顯示，美國的企業和個人，每年透過各類基金會進行的慈善公益捐助達六千七百多億美元，占美國ＧＤＰ的九％。除了富人外，美國平民百姓在捐款方面也不甘落後，錢多多捐，錢少少捐，無錢捐贈便做義工。可以說，樂善好施的品德已滲入許多美國人的骨髓，融入了美國文化之中。

送人玫瑰，手留餘香。替他人著想，幫助他人，可以給別人帶來方便，更會給自己帶來快樂。愛人者，人恆愛之。多一分愛給別人，多一分寬心留給自己。

# 悟世深些，處世淺些

處世是一門藝術，精深且複雜；處世是一門哲學，不用心鑽研，永遠不會懂；處世是一種能力，掌握它的人，就能夠在複雜的關係網中暢遊，沒人能夠阻擋你；處世更是一種智慧，深諳此道，你將笑看世事紛擾。

# 01 傾聽比訴說更重要

傾聽對方的任何一種意見或議論就是尊重，因為這說明我們認為對方有卓見、口才和聰明機智，反之，打瞌睡、走開或亂扯就是輕視。

——霍布斯

兩隻耳朵，一張嘴，傾聽比訴說更重要。一個好的傾聽者，用耳聽內容，用心聽情感。傾聽，是對他人的一種恭敬，一種尊重，一份理解，一份虔誠，是對友人最寶貴的饋贈；傾聽，是智者的寧靜，是心的接受，

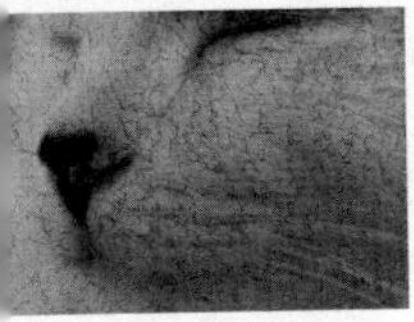



是熱的傳遞，誠摯的情感在祥和中奉獻。

在日常生活中，每個人都需要學會傾聽。在人與人的交往中，訴說是為了表達自己，而傾聽是瞭解別人，從而達到心靈的共鳴。

訴說比傾聽重要，學會傾聽，能修身養性，陶冶性情；學會傾聽，能博采眾長，能使人開拓思維，萌發靈感；學會傾聽，能養成尊重他人的習慣，緩解矛盾，創造一個和諧的人際關係；學會傾聽，是一種愛心、關懷、體貼，必將贏得親情、愛情和友情。

曾經有個小國到中國來，納貢了三個一模一樣的金人，皇帝高興極了。可是這小國同時出一道題目：這三個金人哪個最有價值？皇帝想了很多的辦法，請來珠寶匠檢查，稱重量，看做工，都是一模一樣的。這可怎麼辦，使者還等著回去匯報呢。泱泱大國，不會連這個小事都不懂吧？最後，有一位退位的老臣出了一個主意。

皇帝將使者請到大殿，老臣胸有成足地拿著三根稻草，插入第一個金人的耳朵裡，這稻草從另一邊耳朵出來了。第二個金人的稻草從嘴巴裡直接掉出來，而第三個金人，稻草進去後掉進了肚子，什麼響動也沒有。老臣說：第三個金人最有價值！使者讚歎不已。

最有價值的人不一定是最能說的人的人，而是善於傾聽的人。上帝給我們兩隻耳朵一個嘴巴，本來就是讓我們多聽少說的。善於傾聽，才是成熟的人最基本的素質。

傾聽比訴說更重要，讓我們看看傾聽的重要性：

一、傾聽別人談話，可以從中獲得知識、經驗、思想，得到啟迪。善於傾聽，無須付出任何代價，更沒有成本，你就可能成為一個思想上的既得利益者。

只要善於利用自己的耳朵，用心傾聽，便足以使我們到達以前未曾到達的地方，獲得以前未曾獲得的東西。同時，傾聽還可以增長我們的智慧。傾聽需要放下自己的成見，需要足夠的耐心，需要熱忱的響應，需要充分的包容，而所有這一切，沒有足夠的智慧顯然是很難辦到的。

二、傾聽是尊重與讚美，可以使對方的才智得到更充分的展現。一般來說，人們往往對自己的事情更感興趣，喜歡表現自己，因此一旦有人格外專注地傾聽他的談話，他就會把它視作對自己最大的尊重和褒獎，他的談興就會由此而受到很大的激勵，話題就會源源不斷地湧出，思路也會變得格外的清晰。

三、傾聽有助於更好地瞭解對方，瞭解事情的真相，從而化解衝突，舒暢溝通。衝突的產生，往往源於彼此間的不夠瞭解，對事情的真相不夠清楚，如果認真傾聽對方的述說，我們就能設身處地從對方的處境去思考問題，從而縱觀全局，尋求解決矛盾的最佳方法。

四、傾聽是一種關愛，可以消除他人的心理壓力。人生在世，總有不順心的時候，壓力纏身、沮喪失意，這時候最需要的，就是有人傾聽他的訴說，給予理解與真誠的勸慰，以消除內心的壓力，排解煩憂。如果此時此刻有人能真誠地傾聽他的訴說，無疑是雪中送炭，會使他倍感溫暖。

奧利佛．荷姆斯說：「多言是知識的權利，傾聽是智慧的特權。」只要我們能善用上帝給我們的兩隻耳朵，巧使傾聽這一「智慧的特權」，那我們就必定能化解無數的麻煩，得到實實在在的好處。

傾聽比訴說更重要，否則上帝就不會給我們安排兩隻耳朵，卻只安排一張嘴巴了。現實生活中，很多人總喜歡滔滔不絕地講個不停，也不管對方是否能夠接受。他們不停地說，一方面把自己的想法強加給他人，另一方面也失去了傾聽更多新思想和可能性的機會。因此，當與別人交談時，請耐心傾聽，你會從中學到更多的知識。

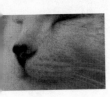

# 02 永遠不說批評別人的話

緘默有時就是最嚴厲的批評。
——伯斯頓

「真話不全說，假話全不說」。這是已故大師季羨林說過的一句話，其中的深意很值得玩味。我想，每個人對這句話都有自己的理解，見仁見智。在此，我們要談的是批評別人的話。批評別人是一件危險的事，因為它常常傷害一個人寶貴的自尊，並激起他的反抗情緒。批評所引起的嫉恨，只會降低彼此間的情感，同時指責的事情也不會有任何改善。

在我們日常生活中，總會遇到很多令自己很氣憤的事情，也許這件事情是別人的錯，也許這件事情是自己的錯，但是，由於面子問題或者其他什麼原因，我們總能找出批評別人的理由，那麼我們就會用自己比較強烈的語言來批評別人，結果總是適得其反，為什麼呢？

俗話說，樹活一張皮，人為一張臉，人都是要面子的，也不願意接受別人的批評。舉個例子來說：小紅和她的朋友經常為一些雞毛蒜皮的小事吵架，有些是小紅的錯，有些是朋友的錯，但是不論誰對誰錯，她們總會爭個面紅耳赤，經常弄得很不開心。

其實，誰對誰錯並不重要，關鍵在於當一個人已經意識到錯了，想要去改正的時候，另一方的批評則會使對方很不舒服，因此演變為爭吵。批評別人要注意方式，如果處理不當則會使對方下不了台，很沒面子。

為人處世是一門精深的學問，真正有智慧的人，絕不會簡單地批評對方，讓對方接受自己的意見。我們不要去責怪別人，而是要試著去瞭解他們，弄清他們為什麼會那麼做。這會比批評更加有效，而且這樣做還能產生同情，容忍以及仁慈。瞭解了一切，就會寬容一切。

已故的「百貨大王」約翰．華納梅克曾經承認：「我在三十年前就

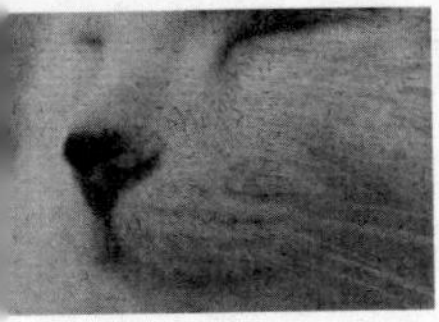



已經明白，批評別人是愚蠢的行為。我並不埋怨上帝對智慧的分配不均，因為要克服自己的缺陷都已經非常困難了，當然更沒有時間去埋怨上帝了。」

一個人無論做錯了什麼事，無論他的錯誤有多麼嚴重，在絕大多數情況都不會自責。當我們糾正和指責別人時，對方總是為自己辯護，並反過來指責我們。

林肯最喜歡的一句格言：只有不去議論別人，別人才不會議論你。他常說：如果我和他們處在相同的情況下，我也會跟他們一樣做的。勃朗寧也說過：當一個人具備了先從自己開始，具備了戰勝自我的精神的時候，他就是一個不同凡響的人。

與人相處時，一定要切記：與我們交往的不是純粹按道理或邏輯生活的人，而是充滿了感情的，帶有偏見，傲慢和虛偽的人。批評是一根導火線，它足以使人的自尊爆炸，這種爆炸有時會導致很嚴重的後果。

美國總統富蘭克林成功的祕訣：我不願說任何人的壞話，我只說我認識的每一個人的一切優點。永遠不說批評別人的話，股神巴菲特的父親就深諳此理。

一九四五年夏天，小巴菲特終於初中畢業，要進入人生相當關鍵的高中了。

爸爸一想，是時候了，該出招了。

高中快要開學前幾天，爸爸說：「兒子，過來，爸爸和你說點事。」

「什麼事啊？」

「兒子啊，爸爸一直都很看好你。在老家奧馬哈時，你一直表現很好成績很好。這兩年我們家搬到華盛頓後，爸爸在國會工作很忙，沒有太多時間照顧你。可能你到新地方新學校也不太適應，成績下滑很厲害，在學校的表現老師也不太滿意。但是我的兒子我最清楚，不管老師怎麼說同學怎麼說，爸爸知道，你是一個非常優秀的孩子，我最知道你的潛力究竟有多大。

爸爸並不要求你一定百分之百發揮，一定要考第一，一定要拿優秀。你只要努力了，正常發揮你的潛力就足夠了。

現在你要上高中了，我希望你好好想想，高中生活怎麼過。你有兩個選擇：一是發揮你的潛力，好好學習，好好表現。二是像現在這樣混下去玩下去。爸爸也不會強迫你。但是，如果你不走正道不努力學習的話，你就必須放棄你送報紙的工作。」

巴菲特不甘心放棄送報的工作，要知道，送報讓他成為小夥伴中最有錢的人，他怎能輕易放棄這份美差。於是，他接受了爸爸的條件，從那以後，在學習上十分用功。

批評不如表揚，限制不如引導。父親透過有效地引導，使巴菲特認識到學習的重要性。巴菲特一生都熱衷於鑽研如何賺錢，結果成就了一個財富傳奇。

人們在被別人批評指責的時候，無論對方批評得對還是錯，批評者是你的上司還是平級，亦或是下屬，總會情不自禁地產生牴觸情緒。

我們知道，無論是批評別人還是被別人批評，都感覺不太好。因此，無論是工作還是生活中，盡可能不要批評別人，哪怕你的理由再充分，也要選擇適當的方式。

因為，人性的弱點一向如此，就算別人批評的對，自己也總是會有牴觸，而且往往自己並不認可對方的批評，所以往往達不到效果，而且批評得越嚴厲，效果越差，甚至適得其反。

一個人際關係方面的高手懂得批評的藝術，他們盡量不說批評別人的話，如果不得已為之，也要選擇正確的方式方法，讓對方接受自己的意見，這對於能否處理好複雜的人際關係十分重要。

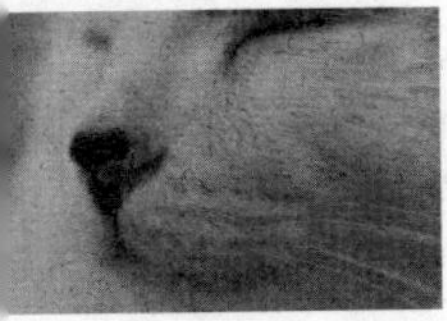

# 03 低調是強者最好的外衣

低調做人，高調做事。

——俗語

道有道法，行有行規，為人處世也不例外。一個人要想在複雜的社會中生存，低調的行事作風是必不可少的。

低調是為人處世的黃金法則，懂得謙卑的人，必將得到人們的尊重，受到世人的敬仰。低調，如同不起眼的煤炭，當它被埋在終日不見陽光的地下時，沒有人在意；然而，當它燃燒時，卻點亮了整片黑夜！低調，如同醜陋的河蚌，堅硬粗糙的外殼經歷波浪的洗禮後，孕育出璀璨奪目的珍珠！

低調是一種炫耀，低調是一種智慧，低調也是一門精深的處世哲學。低調代表著豁達、代表著成熟、代表著理性，它是一種博大的胸懷、是一種超然灑脫的態度，是人類個性最高的境界之一。

當今社會競爭殘酷，壓力巨大，人際關係既微妙又複雜，只要稍有點處理不當，就會招致不少麻煩。輕則導致工作不愉快；重則影響職業生涯。因此，與人相處，認為關鍵是要學會低調！

美國開國元勳之一富蘭克林年輕時去一位老前輩的家中做客。他昂首挺胸走進一座低矮的小茅屋，一進門，「碰」的一聲，他的額頭撞在門框上，青腫了一大塊。

老前輩笑著出來迎接說：「很痛吧？你知道嗎？這是你今天來拜訪我最大的收穫。一個人要想洞明世事，練達人情，就必須時刻記住低頭。」富蘭克林記住了，也就成功了。

一個人若想立足社會並有所成就，人際關係是關鍵。學會如何與人相處，低調的處世態度必不可少。木秀於林，風必摧之；人浮於眾，眾

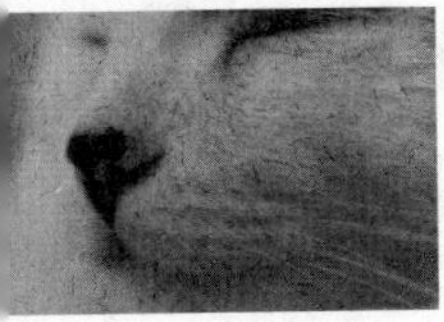



必毀之。曲高者，和心寡。只有低調做人才能保持一顆平凡的心，才不至於被外界左右，才能夠冷靜，才能夠務實，這是成就大事的前提。

低調並不意味著退縮，更不是無為，而是一顆成熟的心靈經歷世間百態後表現出的平靜。低調做人是一種風範，是一種姿態。

在人際交往中，刻意保持低調，是為了更好地與人相處，累積力量，厚積薄發。低調是一種冷靜的處世觀，能看透事物的本質根源，從而於無聲處聽驚雷，瞬間爆發出驚人的力量，獲得成功。

低調是強者最好的外衣，低調的人必將成為夜空中最亮的星。一個人究竟強不強，不是看你多麼出名，多麼有權有勢，而是看你有沒有真正讓自己強起來的堅實基礎和本事。真正有本事的人講究運籌帷幕，厚積薄發，修於內而成於外，這才是真正讓人佩服的成功。

真正能取得重大作為的人，從來不與人爭名奪利，而是默默無聞地做實事，將名利置之度外，一步一個腳印地去做；只有那些利慾熏心，又迫不及待的人才會去沽名釣譽，極盡張揚之能事，虛妄於花拳繡腿，玩弄花招，得一時之逞，但最終還是經不起大風大浪的折騰，船倒帆折，一敗塗地。

真正的強者總是莫測高深，不顯山不露水，默默耕耘，苦心孤詣，直至成功。

甚至成功以後，這樣的人也不喜歡張名揚利，而是繼續探索，繼續追求，尋求新的突破，這才是低調而強硬的強者。其實做一低調的強者並不難，甚至比做一個張揚的強者更為簡單。

低調的人總是喜歡藏鋒守拙，待機而發，在別人面前表現出來的更多的是大智若愚、大巧若拙的一面。他心態平和踏實，鋒芒內斂，虛心和善，具有認真謹慎的工作態度。這樣的人往往具有十分縝密的個人思維習慣，處亂不驚，目光長遠，再加上艱苦的磨煉和頑強的意志，為事業成功奠定了堅實的基礎。

現實生活中到處可見低調行事的人，因為他們深諳其中的道理。一些成功的企業家，不願接受媒體的採訪，謝絕文人為他寫發家史，而是腳踏實地、不事張揚地實施新的計劃，爭取更大的成功；一些優秀作家不屑於炒作，不願做文化明星，而是埋頭寫新的作品，努力在創作上超

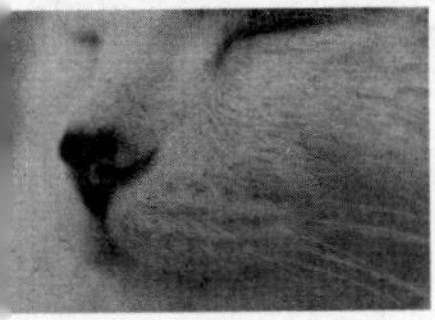



越自我；一些科研工作者，不因取得了顯著的成就而自滿自誇，到處宣傳，而是為完成新的科研項目，一如既往地奮鬥在實驗室裡……低調處世，使他們得以避免外界的干擾，專心於自己的事業，從而取得更大的成就，同時更加受到世人的敬重。

低調是最強的炫耀，不露鋒芒的人不是才華不濟，而是他們深諳處世之道。最厲害的炫耀蘊藏於無形之中，低調之人必有高深之處。

# 04 看透的時候，假裝沒看透

如果一個人洞悉世事，看透所謂的人生，那麼他必定是孤獨的。

——佚名

看透的時候，假裝沒看透是一種處世智慧，在紛繁變幻的社會中，能夠看透事物，洞悉人性的人必是精明之人，但是這類人往往活得很累，他們被過重的心計所累。而真正的智者則會假裝糊塗，反而能知世事風雲變幻，處世舉重若輕，四兩能撥千斤。

中國有句俗語叫「難得糊塗」，短短的四個字中藏著大智慧。做人

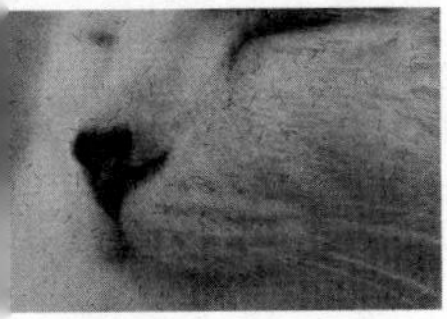

## Chapter 4
## 悟世深些，處世淺些

糊塗，凡事就想得開，不會執著於什麼，心胸開闊了，對別人、對自己寬容了，也會因此輕鬆很多。

看透的時候，假裝沒看透其實是一種自我保護的方式。現實生活中，人們總會提防那些做事招搖、愛出風頭的聰明人，而對看似忠厚老實，甚至有點糊塗的人放下戒心。後者則分為兩類，一類是真糊塗的人，一類則是裝糊塗的人。高明的人做事心中有數，看透了卻不說出口，行動起來則絲毫不會含糊。

顏真卿為人精明，深諳世事，他不僅是個大書法家，也是個傑出的政治家，他在政治上有一種洞察幾微的敏感。當初安祿山起兵謀反，才開始露出苗頭的時候，顏真卿就警惕了，並且做出了相應的準備。他在自己的守城高築城，深挖溝，收攬丁壯，積儲糧草，加以防備。然而他不露聲色，表面上每天和賓客在河裡湖上泛泛舟，飲飲酒，不問時事。

顏真卿管理的平原郡是屬於安祿山管轄的地方，就在安祿山的眼皮子底下，安祿山當然時時警惕，時常派密探暗察。但是，顏真卿是大巧若拙、大智若愚，密探只看到他的「拙」、他的「愚」，不知道他是「若拙」、「若愚」，更不知道他是「大巧」、「大智」，當然也就不知道他在積極備戰，預防安祿山的謀反。密探屢次回來報告說，沒事，一介書生，不用擔心。安祿山也就真的放心了。

戲劇性的事情終於發生了。天寶十四年，安祿山謀反，安祿山先後攻下了許多小城，只有顏真卿把守的平原城因為早做準備而沒有被攻下。顏真卿意識到大事不好，立即派出一名手下快馬奔赴京城求援。

皇帝玄宗已經得知安祿山謀反的消息，他傷心至極，對著大臣們歎息道：「唉，河北有二十四個郡，難道竟然沒有一個忠臣嗎？」說來也巧，就在此時，顏真卿派出的手下快馬趕到，他報告說平原城沒有被攻下，請求支援。玄宗聽後極其興奮，下令派兵支援。

興奮過後，唐玄宗環視眾大臣，半是感慨，半是讚歎地說：「我不知道顏真卿是怎樣一個人，而所作所為竟然如此了得！」大臣們議論紛紛，佩服不已。

顏真卿的大巧若拙、大智若愚還有這樣的妙用！一味地聰明，會招來不測；一味地糊塗必然難成大器。所以說，做人糊塗可自保，做事聰

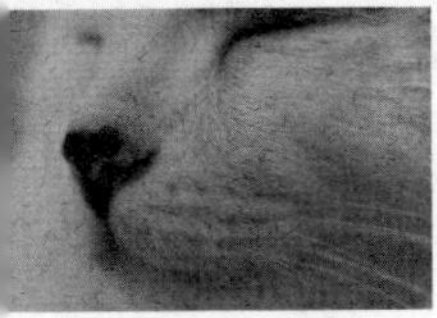



明才有成。顏真卿深諳此道，看透的時候，假裝沒看透。他既在暗地裡設防，又輕易騙過了密謀造反的安祿山，可見其智謀之深。

看透的時候，假裝沒看透，真正的智慧蘊藏在看似蒙昧之中。自認為洞悉世事的朋友，試一試裝糊塗的做法吧，糊塗換個說法叫大智若愚，沒什麼不可以。生存有很多方式，有時候需要顯行聰明，有時候需要傻得可愛，這其實考驗一個人的靈活性，靈活多變的人總是有更大的生存空間。只會站著，不會彎腰的人，容易碰壁，容易把腰折斷。能屈能伸，方能生活得更好。

大凡立身處世，是最需要聰明和智慧的，但聰明與智慧有時候卻依賴糊塗才得以體現。從理論上講，一個人的智商高出普通人的正常值，這樣的人就是我們生活中常說的聰明人。然而，順著這個邏輯，我們會發現很多成功的人物並不絕頂聰明，相反，他們可能還曾有些笨。而這個「笨」，其實就是大智若愚，這個「愚」，其實是智慧的體現。

有一個牽涉到一大筆錢和一項重要的法律問題的重要案子，一位年輕的律師參加了這個案件的辯論。在辯論中，一位最高法院的法官對年輕的律師說：「海事法追訴期限為六年，你說對嗎？」

律師先是愣了一下，看了看法官，然後率直地說：「不，庭長，海事法沒有追訴期限。」

後來，這位律師對朋友談及此事時說道：「當時，法庭內立刻靜默下來。似乎連氣溫也降到了冰點。雖然我是對的，他錯了；我也如實地指了出來。但他卻沒有因此而高興，反而臉色鐵青，令人望而生畏。儘管法律站在我這邊，但我卻鑄成了一個大錯，居然當眾指出一位聲望卓著、學識豐富的人的錯誤。」

這位年輕的律師的確犯了一個「比別人正確的錯誤」。在指出別人錯了的時候，怎麼就不能做得更高明一些呢？對此，可以採用若無其事的方式提醒別人，提醒他不知道的好像是提醒他忘記了的。

看透的時候，假裝沒看透。這是一個人立身處世的技巧之一，它既讓人獲得良好的人際關係，也可以達到事半功倍的效果。

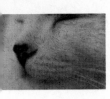

# 05 學會拒絕，讓生活變得簡單

說出拒絕的理由時，別忘了為未來的索要留下某種餘地。

——阿瑟・赫爾普斯

你是否覺得自己活得很累，是否希望有時能說出「不」而被別人理解呢？現實生活中，很多人被迫同意每一個請求，寧願竭盡全力做事，也不願拒絕別人，即使沒有精力和時間。

其實學會委婉的拒絕同樣可以贏得周圍人對你的尊敬。但是，為什麼很多人仍然繼續答應一個又一個請求呢？這是因為他們同樣害怕被別人拒絕。不過，當你拒絕別人時，並不意味著他們下一次會拒絕你，只要你掌握拒絕的藝術，一切就會顯得很自然，別人也不會太在意。

拒絕的能力與自信緊密聯繫。缺乏自信和自尊的人常常為拒絕別人而感到不安，而且常常認為別人的需求比自己的更重要。

不懂拒絕的人疲憊不堪，他們活得很累，常常感到壓迫和煩躁。不要等到你的能量耗盡時，再採取行動。學會拒絕這門藝術，讓你的生活變得簡單。現實生活中，如果不會拒絕別人，那你的生活則會變得十分疲憊。一個不懂得拒絕別人的人，也就是答應了別人的全部要求，如果你不能履行承諾，則會被別人所埋怨。即使你兌現了承諾，你的生活也會因此變得疲憊不堪。

學會拒絕，輕鬆生活。生活是一門藝術，我們每個人都是生活的藝術家，要懂得為自己的生活設計。把學會拒絕當做是自己生活的一門藝術，既不傷害別人也不傷害自己，讓自己和他人都快樂幸福。愛要愛得幸福，恨要恨得瀟灑，贏要贏得快樂，輸也要輸得灑脫。

拒絕是你的權利，但拒絕別人時，也要講究藝術。人家滿懷希望、

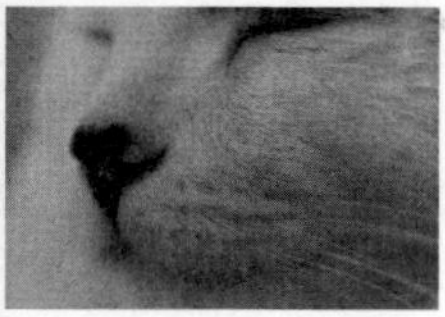



帶著信任而來，你卻只給人家一個「不」字，豈不像給人家潑了一盆涼水？值得注意的是，「林子大了，什麼樣的鳥都有」。當有人向你提出於情理、特別是於法規不合的要求時，你即使有「能力」也必須拒絕，個中道理不必贅述。隨著社會發展，各種關係日趨複雜，這也就越來越迫切地要求我們學會「拒絕」這一種人與人的交往方式。

日常生活中，在拒絕別人時，一定要講究方法，不可隨性蠻幹。英國的查爾斯王子曾於一九七〇年訪問日本。日本盛行茶會，查爾斯就邀請很多名流舉辦茶會，巖崎峰子是其中之一。

巖崎峰子可不是一般人，她的祖上是日本貴族，她五歲進入藝伎館，十五歲一出道，當年的收入就名列行業第一。席間，查爾斯看到巖崎峰子手上拿著一把扇子，就接過來，拿出鋼筆，刷刷刷，在扇子上題名「一九七〇年，查爾斯」。

事後，巖崎峰子要人把題過字的扇子拿去扔掉了，因為她覺得查爾斯毀掉了自己的一件珍寶。

上面所說的拒絕方式是很不禮貌的，很容易引起誤會。所以，在拒絕別人的時候，一定要採取適當的方式。這裡有一個關於中國著名畫家啟功先生間接拒絕的故事。

啟功先生是中國著名的書法家，在上世紀七〇年代末向他求學、求教的人就已經很多了，以致先生住的小巷終日不斷腳步聲和敲門聲，惹得先生自嘲曰：「我真成了動物園裡供人參觀的大熊貓了！」

有一次先生患了重感冒起不了床，又怕有人敲門，就在一張白紙上寫了四句：「熊貓病了，謝絕參觀；如敲門窗，罰款一元。」先生雖然病了，但仍不失幽默。此事被著名漫畫家華君武先生知道後，華老專門畫了一幅漫畫，並題云：「啟功先生，書法大家。人稱國寶，都來找他。請出索畫，累得躺下。大門外面，免戰高掛。上寫四字，熊貓病了。」

這件事後來又被啟功先生的摯友黃苗子知道了，為了保護自己的老朋友，遂以「黃公忘」的筆名寫了《保護稀有活人歌》，刊登在報上，歌的末段是：「大熊貓，白鰭豚，稀有動物嚴護珍。但願稀有活人亦如此，不動之物不活之人從何保護起，作此長歌獻君子。」呼籲人們應該真正關愛老年知識分子的健康。

誠然，作為啟功先生是不得已而為之，因為他的身體實在支撐不起。那麼，直截了當地拒絕人們的所求這又不符合先生做人處世的原則，所以最後才採用了幽默式地拒絕，亦可以稱之為無奈地拒絕。

同是拒絕求人者，不同的拒絕方式給人的感受是不同的，有的拒絕能讓人接受和理解，而有的拒絕則使人仇視和反感。可見，同是拒絕，還是應該多注意些方式，多講究些藝術。

因此，如果你想讓生活更輕鬆一些，學會拒絕，善於拒絕是非常重要的，以下幾點你不可不知：

**一、簡單回絕**

如果你要拒絕別人，不要猶豫不決，堅決而直接的回絕方式更有效果。使用短語，如：「抱歉，我現在很忙」或「對不起，我幫不上忙」。

**二、拒絕他人而非排斥**

時刻記住你是拒絕他人的請求，而不是排斥一個人，分清兩者的概念很重要。

三、避免誤會

當你不能決定時，則要明確告訴對方所需要的考慮時間，以消除對方誤以為你是在以考慮作擋箭牌。

四、鄭重拒絕

拒絕別人時，要在充分考慮對方要求之後給予答覆，而不是不假思索地拒絕。

五、和顏悅色，態度堅決

拒絕接受請求時，保持和顏悅色的表情，但態度要堅定，不要被請求者說服而打消拒絕的初衷。

六、拒絕有理由，更易被接受

這樣做，有助於保持與原始請求的關係。但這並不意味著對所有的請求拒絕都必須附以理由，有時不申訴理由反而會顯得真誠。

七、拒絕要真誠，不要讓別人替你說「不」

切忌透過第三者拒絕某一個人的請求，因為一旦這麼做，不僅說明你的懦弱，而且在請求者心目中會認為你不夠誠摯。

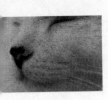

# 06 玩笑開過頭是「玩火自焚」

總有人注定要因某個玩笑而受苦。
——赫茲里特

開玩笑時要掌握火候，注意分寸，千萬不要因為玩笑開過了頭，而「玩火自焚」。無論是在日常生活還是工作中，適當開玩笑有助於調節氣氛，緩解壓力，增進人們之間的感情。

俗話說：「人逢喜事精神爽。」開玩笑，最好選擇在對方心情舒暢時，或者當對方因小事生氣時，經由開玩笑把對方的情緒扭轉過來。

開玩笑要講分寸。所謂分寸，沒有明確的標準，關鍵要看對方的反應程度。如果對方不喜歡你的玩笑，請立刻轉換話題，不要造成雙方的不愉快。

人際交往中，開個得體的玩笑，可以活躍氣氛，能把交際氛圍變得融洽，但是，開玩笑過了頭，就會適得其反，傷害彼此感情，因此開玩笑還要注意掌握好分寸，下面就是一些要注意的地方：

## 一、分清對象，玩笑因人而異

由於每個人的性格、秉性、脾氣等不盡相同，開玩笑時要分清對象，因人而異。俗話說：「人上一百，形形色色。」人的性格各不相同，和寬容大度的人開點玩笑可以調節氣氛，而與小肚雞腸者開玩笑則會弄巧成拙。

## 二、注意長幼關係

長者對幼者開玩笑，需要長者保持莊重的態度，使幼者產生對長者的尊敬與崇拜，而幼者則不宜對長者開玩笑。

## 三、男女有別

男性對語言情境並不是很在乎，一般的玩笑男性都會接受；女性對語言情境比較敏感，不得體的玩笑會使女性難以接受，甚至使她們處於尷尬的境地。

## 四、注意親疏的差異

與親近熟識的朋友在一起，即便開些重口味的玩笑也不會影響彼此之間的關係，反而更有助於調節氣氛。但與比較陌生的人在一起，開玩笑就要小心了。因為你並不瞭解對方，如果貿然地開玩笑有可能引起對方的反感，影響今後的互相瞭解和友誼的發展。

一般情況下，對方性格外向，能寬容忍耐，開對方的玩笑則不會有什麼意外，也會得到諒解。對性格內向，喜歡琢磨別人的言外之意的人，開玩笑就需要仔細考慮了。無論哪種性格的人，在他傷心的時候，都不能隨便與其開玩笑。

## 五、選擇正確的時間

俗話說：「人逢喜事精神爽。」開玩笑，最好選擇在對方心情舒暢時，或者當對方因小事生氣時，通過開玩笑把對方的情緒扭轉過來。

### 六、選擇正確的場合與環境

在圖書館、醫院等要求保持肅靜的場合，不要開玩笑，在治喪等悲哀的氣氛中，不宜開玩笑。

### 七、只開善意的玩笑，不開惡意的玩笑

即使彼此很熟悉，也不要為了愚弄別人而搞惡作劇，這樣做會給被開玩笑的人造成傷害，甚至會形成心理障礙。

### 八、不開低級庸俗的玩笑

開玩笑時，一定要注意內容健康，風趣幽默，情調高雅。在社交活動中，忌開低級庸俗的玩笑。千萬不要拿別人的生理缺陷開玩笑，例如不能以殘疾人的生理缺陷取笑。

### 九、開玩笑也要適可而止

平常開開玩笑，一兩句話說過就可以了，千萬不能一直盯著別人說事。玩笑是生活的調味品。

生活中，大部分人都有過開玩笑的經歷。但開玩笑並不是想說什麼就說什麼，它需要把握一個尺度，掌握一定的分寸，否則，就可能適得

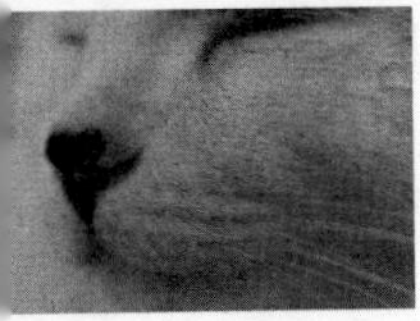

其反，弄巧成拙。

開玩笑要注意火候，不要「玩火自焚」。很多曾經親密的朋友都是因為一句不經意的玩笑話而從此交惡，甚至成為敵人。同事之間更是如此，如果開玩笑不懂分寸，則會給自己的人際關係帶來影響，甚至影響前途。

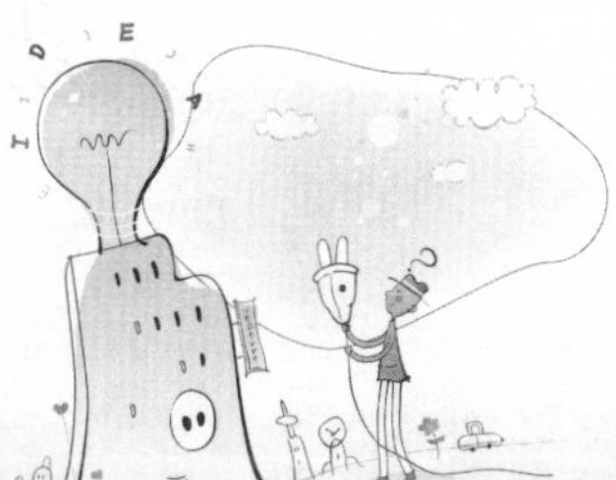

# 07 尊重，也絕口不提他人隱私

談論別人的隱私是最大的罪惡。

——亞里士多德

所謂個人隱私，在一般意義上是指某一個人出於個人尊嚴或者其他方面的特殊考慮而不願意對外公開、不希望外人瞭解的私人事宜或個人祕密。

幾乎每個懂事的成年人都非常看重個人隱私問題，保護公民個人隱私，往往是法律所賦予公民的基本權利之一。不得打探個人隱私，被視為做一個現代人文明的重要標誌之一。

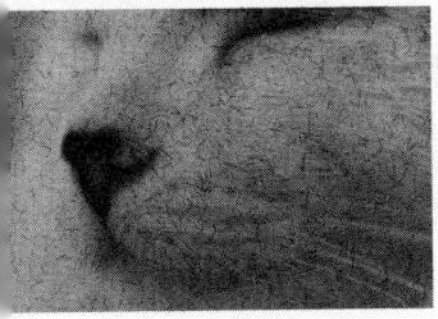



目前，尊重個人隱私已經逐漸成為一項國際社會交往的慣例。尊重個人隱私，主要是指我們在涉外交往時，一定要注意對交往對象的個人隱私權予以尊重，即凡涉及對方個人隱私的一切問題，都應該自覺地、有意地予以迴避。

在與人交往的過程中，有些人總是克制不住自己的好奇心，而去問別人有關個人隱私的一些問題。這樣做，不僅會讓自己「碰釘子」，還會給雙方的交談蒙上一層尷尬的氣氛，使交談中斷，談話無法進行。

避免談論別人的隱私，一是不可在談話中拐彎抹角地刺探別人的隱私，二是不可知道了別人的一點點隱私就到處宣揚。生活豐富多彩，談資無所不有，何必非要把別人的隱私當作談資呢？

對待別人的隱私，要切忌人云亦云，以訛傳訛。為什麼這樣說呢？首先你要明白，你所知道的關於別人的事情不一定確鑿無誤，也許還有許多隱情你不瞭解。要是你不假思索就把聽到的片面之言宣揚出去，難免顛倒是非。話說出口就收不回來，事後你完全明白了真相時才後悔不已，但此時已經在同事之間造成了不良的影響。

事實上，人與人之間的關係相當複雜，如果你不知道實情，就不可信口雌黃，以免招惹是非。在與人交往的過程中要克制住自己想知道的慾望，遵循以下幾個原則，你的人際關係中就會少些遺憾，多些歡樂。

## 一、不問個人收入與支出

在生活中，一般只要涉及金錢問題，人們都會很敏感，留幾分警惕。不是交情很深的人，最好不要問對方的收入及支出，這是對別人的尊重，也體現了一個人的修養。在國外，人們普遍認為，個人的實際收入與個人能力和實際地位直接存在著因果關係，所以，十分忌諱別人進行直接或間接地打聽或詢問。

## 二、不問年齡

尤其是女性，她們把自己的實際年齡作為「核心機密」。如果你在公眾場合問一位女性的年齡，這是對她最大的不尊重，別人也會嘲笑你不會看眼色行事。所以，當面對年齡這個敏感的話題時，一定實行「閉口」原則。

## 三、不問婚姻及家庭

中國人習慣了對親朋好友及晚輩的戀愛、婚姻以及家庭生活的關心，但是在現代社會，在尊重個人隱私的前提下，即使是很要好的朋友也不能觸及一些別人的痛處，這會讓人感到很不舒服，美其名曰的關懷也會變成傷害別人的無形利箭。

## 四、初次見面，不問健康問題

初次見面，詢問對方的健康問題難免會讓對方難堪和不解。因此，在談論健康話題時，一定要分清對象和場合，千萬不要亂問一通，否則會顯得很沒禮貌。

## 五、不問生活經歷

很多人在交往過程中，喜歡打聽對方過往的生活經歷，「是哪裡的人」、「哪一所學校畢業的」、「以前做過什麼」等。總之，是想瞭解對方的一切「底細」，打探對方的一切「背景」。這樣做，反而會讓人誤以為你與他交往是別有用心。

## 六、不問對方所忙何事

在與人交往的過程中，非常忌諱問及「最近在幹什麼」，「一會兒上哪裡去」等類似問題，因為對方會認為「所忙何事」與別人並無關係，所以對這類問題很反感。有時，他們還擔心此類問題一旦被人深究，還有可能會洩露個人的最新動向乃至行業祕密，使自己的工作與事業受損。因此，絕對不願此類問題在外人面前「曝光」。

## 七、不問家庭住址

在國外，絕大多數人都將私人居所看做是自己神聖不可侵犯的「個人領地」，非常討厭別人無端對其進行打擾。因此，一旦聽到對方打聽自己的住址，則會非常反感。

好奇是人類的天性，若用在正途，往往是促成發明以及研究、探險的動力。可惜對大多數凡夫俗子而言，不但沒能善加運用好奇的積極因素，反而用來從事破壞攻擊，打探隱私。他們在好奇心的驅使下，喜歡聽花邊新聞，探別人隱私，並以此為樂，這種幸災樂禍的好奇心可以稱之為「陰暗的好奇心」。

正確的做法是，如果在談話的過程中，你發現自己碰觸到了別人的「著火點」，引起別人不快時，應該及時採取適當的方式轉移別人的注

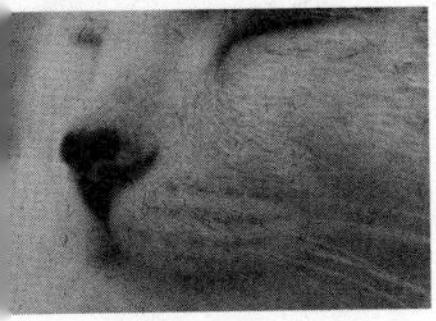



意力，這樣可以弱化他人因為隱私被冒犯而產生的不快，也表示自己並非有意探問隱私。表達出自己的誠意，以寬容、平和的心態對待別人的隱私，把握好同事間和平、互助、有距離關係的尺度，這樣才能營造和諧的氛圍。

尊重別人就等於尊重自己，一個真正有修養的人，是不屑於刺探他人隱私的，從言談話語可見人的層次。根據心理學分析，對他人的生活興趣過高的人，多半缺乏自信，甚至包藏著嫉妒心。因此，莫談別人的隱私，既是尊重別人，也是對自己的尊重。

# 08 少一分虛榮就能多一分寬心

一時的虛榮能毀掉一生的功名。

——貝納姆

若想生活得自在，就要學會放寬心。而學會寬心，首先要放下虛榮。柏格森說過：虛榮心很難說是一種惡行，然而一切惡行都圍繞虛榮心而生，都不過是滿足虛榮心的手段。

虛榮心是指以虛假的方式來保護自尊的一種心理狀態。虛榮心強的人，寧肯放棄實際利益也會爭取所謂的榮譽。他們往往受到能力的限制，從而使自己備受折磨。虛榮心強的人往往都是心虛的人，他們為了炫耀，

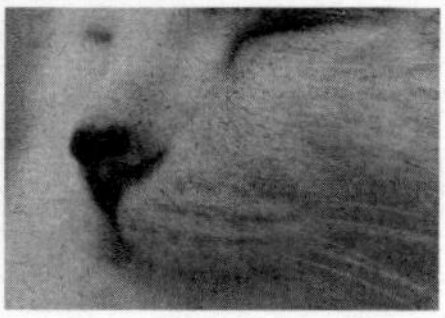

Chapter 4

# 悟世深些，處世淺些

常常強迫自己做那些遠遠超出自己能力之外的事情，使身心失去平衡，這是一種失去理智的表現。這種人做事流於表面形式，喜歡做表面文章。由於實際能力不能勝任難度較大的工作，而出於虛榮，他們則會強迫自己去做那些工作，到頭來不但得不到應有的榮譽，反而連起碼的面子也會丟失。

少一分虛榮，多一分寬心。虛榮的人是不懂得寬心的智慧的。有些人為了掩飾自己的不足或缺陷，或是怕別人看不起自己，便打腫臉充胖子，費盡心機地粉飾自己，偽裝自己來添光加彩。而虛榮者又不得不為此處心積慮，使自己難得輕鬆。其實，摒棄虛榮，心得以寬。

有一個在北方出生而且還不認識菱角的人去南方作官，吃菱角的時候帶殼一併吞入肚中，別人告訴他吃菱角要去殼，他為掩蓋自己不認識菱角的這一缺點，說一併吃下有清熱之功效，別人問北方是否有，他卻說前山後山，哪裡沒有？菱角本長於湖中，此人想要對自己的缺點一再掩飾，但由於不知菱角長於湖中，卻說長於山上，話一出口，他在想怎麼掩飾也無濟於事了。

對於自己不熟悉的事物，就要虛心請教。聖人孔子尚且「不恥下問」，我們並非聖賢，又怎能不開口向別人請教呢？有的人就是這樣，為逞一時的口舌之快，而極力掩蓋自己的缺憾，滿足自己那一時的虛榮，這樣的人，過得只是虛榮的一生，單憑虛榮來填補自己的不足，這樣的一生是毫無價值可言的。

虛榮有時候甚至能毀掉一個人的人生。有人說：「把虛榮當成美酒痛飲，醉後是難醒的。」馬克思也說過：偉大的東西總是圍以輝煌的光彩，輝煌的光彩就會激起虛榮心，而虛榮心又很容易引起人們心靈的激動。誰要是為名利的虛榮所誘惑，誰就不能保持理智，就會向不可抗拒的力量所指引給他們的方向撲去。每個人都有一定的慾望，渴望得到別人的讚美，虛榮便似一把無形的鎖鏈，緊緊纏繞著我們充滿慾望的心，稍有不慎，便把我們引向歧途。

法國著名小說家莫泊桑在他的小說《項鏈》中，描述了愛慕虛榮的路瓦栽夫人。她為了在舞會上大出風頭而向朋友借來了項鏈。結果卻將項鏈遺失；為了賠償，她不得不付出了十年的艱辛勞作，忍受了殘酷的

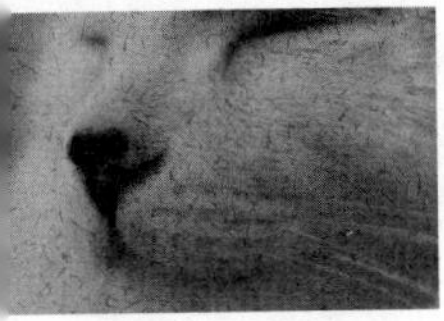



磨難與煎熬，最終才用一條真項鏈償還了那位朋友的假項鏈。小說所揭示的因為愛慕虛榮而導致人生悲劇的深刻含義，不能不令我們深省。

一切成功人士無不是虛懷若谷之人，而那些失敗者無不是驕傲自大之人。謙虛是人生最美好的品質之一，是對他人和自身價值的認知。謙虛的人，深刻地懂得社會是不斷變化前進的，因此他們能夠不斷的完善自我，追求新知。無數事實證明，驕傲自大、自以為是導致失敗的根源，而虛心則是成功的保障，真正聰明的人都擁有高尚的情操和深湛的修養，他們在與別人的交往中，謙恭有禮，從不流露出一絲驕傲自大的情緒。仔細觀察便可以看出，擁有才華和能力的人，往往是虛懷若谷之人；而那些無能而心虛的人，往往傲慢跋扈。

在現實生活中，有多少人累於虛榮的枷鎖；有多少人因為虛榮而講排場、擺闊氣，債台高築；又有多少人因為虛榮而誤入歧途，走上了犯罪的道路，甚至枉送了性命……。

所以，虛榮只是一件華麗的外衣，華而不實，穿上它，也就與成功失之交臂。摒棄它，會使自己學會探索，在探索中發問，尋找答案；摒棄它，會使我們胸懷大志，實現自己的夢想；摒棄它，會使我們的人生更加豐盈充實！

另外，不正確地對待榮譽，也是虛榮的一個表現。我們每個人都有榮譽感，有了榮譽感，才能激勵自己不斷進取，奮發向上。但這種榮譽感應建立在正確的榮譽觀的基礎上，也就是要把榮譽作為激勵自己奮進的動力，不把榮譽作為炫耀自己的資本。

著名科學家居里夫人，獲得英國皇家學會的獎章之後，把它給了自己的孩子玩。這使她的朋友大為吃驚：「這麼極大的榮譽，怎麼能給孩子玩呢？」居里夫人說：「我想讓孩子從小知道，榮譽就像玩具，只能玩玩而已，絕不能永遠守著它，否則將一事無成。」

如果不樹立正確的榮譽觀，過分看重榮譽，斤斤計較名譽得失，那麼，就會發展成為虛榮心。居里夫人正是懂得寬心又睿智的人。

我們每個人都應該放寬心，摒棄虛榮，樹立實事求是、不計名利的思想。我們都希望事業上取得成功。但是，如果我們所做的一切努力僅僅是為了博得領導的讚賞、他人的好評，單純為了在眾人面前樹立自己

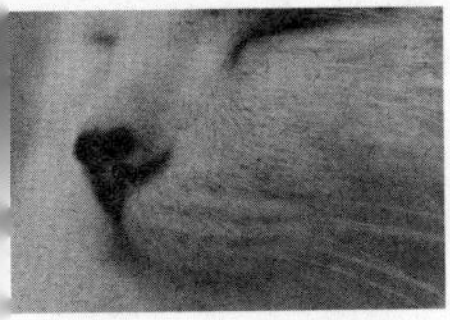



的形象，這樣是很容易滑上虛榮心斜坡的。

正如一位哲人所說：「個人奮鬥的船，如果不扯起社會需要的帆作動力，只在累積個人資本的漩渦裡打轉轉，最終只能陷入死海。」因此，我們應該有一分熱發一分光，不能弄虛作假，更不要沽名釣譽。

社會上的很多人都有愛慕虛榮的毛病，他們整日戴著面具生活，沉浸在虛榮之中。弗農．沃爾特斯曾擔任過美國兩屆總統約翰遜和尼克森的翻譯員，約翰遜還送給了他一塊刻有自己名字的手錶，沃爾特斯總是戴著那塊刻有約翰遜名字的手錶，並在每次開會的時候把他的手錶摘下來，特意把刻有約翰遜名字的手錶背面放到桌子上。

俗話說：死要面子活受罪。一切的虛榮心理阻礙了我們的真實生活，使得我們在生活中難得輕鬆。寬心的智慧是讓我們懂得拋去虛無的虛榮心，感悟真實的美麗。

摒棄虛榮，是我們走向人生極致的途徑。還有什麼能比人格的高尚完整與心靈的純潔清淨更值得我們愛惜與珍視？讓我們保持生命的真實與高潔，正視自我，在人生每個不同的階段接受雪雨風霜，在嚴峻的現實生活中以足夠的信心和勇氣去奮鬥不息、進取不止。

在奮鬥與進取中亮出真實的自己，有如在浮燥喧嘩的今天，洗盡鉛華後的自由揮灑，淋漓展示，讓自愛自尊自重之心在有所作為的追求中得以最充實的滿足，以平和的心境來展現自我的風采，以獲取社會的認可與讚賞。

謙卑是人生的益友，虛榮是人生的大敵。一切成功人士無不是杜絕了虛榮的謙卑之人，他們勇於面對批評，有則改之，無則加勉，而從不在奉承之言中得意忘形。所以，我們要永遠保持理智的態度，聽到批評的聲音及時反省自身，這樣才能穩步走向成功。

少一分虛榮，多一分寬心。擯棄虛榮，享受生活的寧靜，寬心的智慧盡在其中。

謝謝您購買 平凡是真，平淡是福 這本書！

即日起，詳細填寫本卡各欄，對折免貼郵票寄回，我們每月將抽出一百名回函讀者寄出精美禮物，並享有生日當月購書優惠！

想知道更多更即時的消息，歡迎加入"永續圖書粉絲團"

您也可以利用以下傳真或是掃描圖檔寄回本公司信箱，謝謝。

傳真電話：（02）8647-3660　　信箱：yungjiuh@ms45.hinet.net

---

☺ 姓名：＿＿＿＿＿＿　□男　□女　□單身　□已婚

☺ 生日：＿＿＿＿＿＿　□非會員　□已是會員

☺ E-Mail：＿＿＿＿＿＿　電話：（　）＿＿＿＿

☺ 地址：＿＿＿＿＿＿

☺ 學歷：□高中及以下　□專科或大學　□研究所以上　□其他＿＿＿

☺ 職業：□學生　□資訊　□製造　□行銷　□服務　□金融

□傳播　□公教　□軍警　□自由　□家管　□其他＿＿＿

☺ 您購買此書的原因：□書名　□作者　□內容　□封面　□其他＿＿＿

☺ 您購買此書地點：＿＿＿＿＿＿　金額：＿＿＿＿

☺ 建議改進：□內容　□封面　□版面設計　□其他＿＿＿

您的建議：＿＿＿＿＿＿

| 廣 告 回 信 |
| --- |
| 基隆郵局登記證 |
| 基隆廣字第 57 號 |

新北市汐止區大同路三段一九四號九樓之一

# 大拓文化事業有限公司收

請沿此虛線對折免貼郵票，以膠帶黏貼後寄回，謝謝！